学者书家

谢佳华 主编

厦门大学出版社

图书在版编目(CIP)数据

学者书家詹安泰/谢佳华主编.—厦门:厦门大学出版社,2019.10
ISBN 978-7-5615-7370-9

Ⅰ.①学… Ⅱ.①谢… Ⅲ.①詹安泰(1902—1967)—人物研究 Ⅳ.①K825.6

中国版本图书馆 CIP 数据核字(2019)第 068297 号

出 版 人 郑文礼
责任编辑 王鹭鹏
美术编辑 李夏凌
技术编辑 朱 楷

出版发行 厦门大学出版社
社 址 厦门市软件园二期望海路 39 号
邮政编码 361008
总 机 0592-2181111 0592-2181406(传真)
营销中心 0592-2184458 0592-2181365
网 址 http://www.xmupress.com
邮 箱 xmup@xmupress.com
策划设计 汕头市禹之设计策划有限公司
印 刷 汕头市辉亿彩印有限公司

开本 889 mm×1 194 mm 1/16
印张 14.75
字数 313 千字
印数 1～4 000 册
版次 2019 年 10 月第 1 版
印次 2019 年 10 月第 1 次印刷
定价 196.00 元

本书如有印装质量问题请直接寄承印厂调换

厦门大学出版社
微信二维码

厦门大学出版社
微博二维码

詹安泰先生

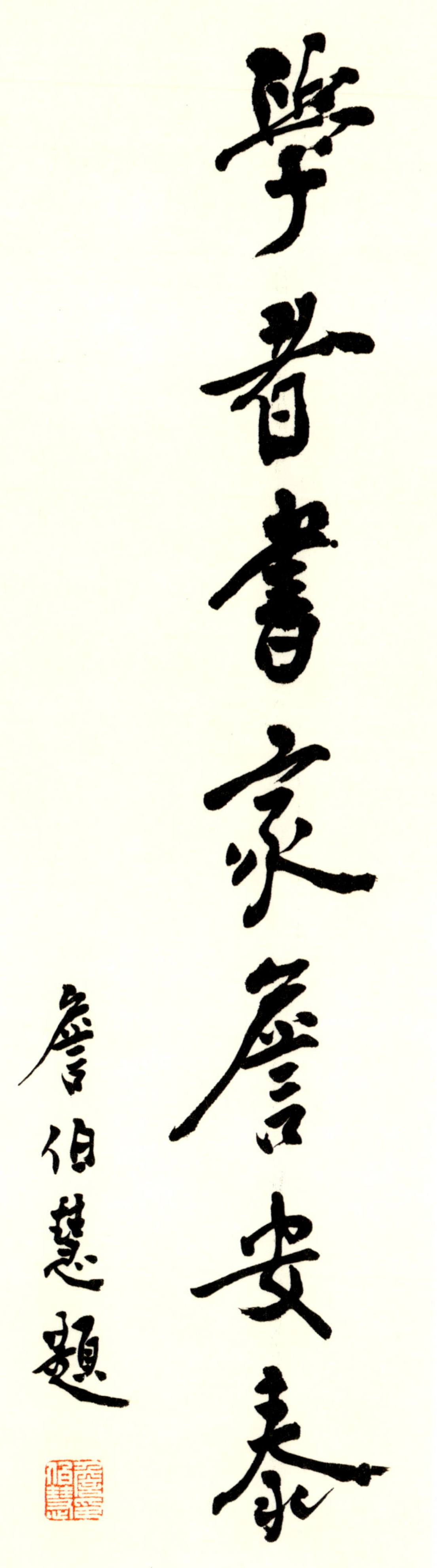

詹伯慧

詹安泰之子，著名语言学家，现为暨南大学中文系教授、博士生导师、汉语方言研究中心名誉主任，香港大学名誉教授。曾任暨南大学文学院院长。一九九一年起培养博士研究生，先后招收二十九人，被语言学界戏称为“詹家军”。在汉语方言研究、语言应用研究、辞书编撰等方面都卓有成绩。出版著作四十多部，发表论文四百多篇。先后到日本、法国、美国、新加坡等地多所著名学府任教或开设讲座。为获国务院特殊津贴的专家，两度获评全国语言文字先进工作者，二〇一一年更获评为广东省首届优秀社会科学家。为第七届全国人大代表，第八、九届全国政协委员，连续担任第一至十七届全国方言学会理事。一九五六年至二〇〇七年任广东省中国语言学会会长，一九九〇年至二〇〇〇年兼任广东省人民政府文史研究馆副馆长。

减字木兰花

天南望绝
要眇词心清似雪
断梦春残
书叶题花忍泪看
素襟孤月
流照幽光长不灭
纸上留痕
莫与分明论怨恩

减字木兰花奉题

学者书家詹安泰一书
戊戌　陈永正

陈永正

中山大学中国古文献研究所研究员、中文系博士生导师
中山大学香港中文大学华南文献研究中心主任
中国书法家协会原副主席

书坛词学 联

书坛射雕手
词学大宗师

戊戌秋
张桂光敬题

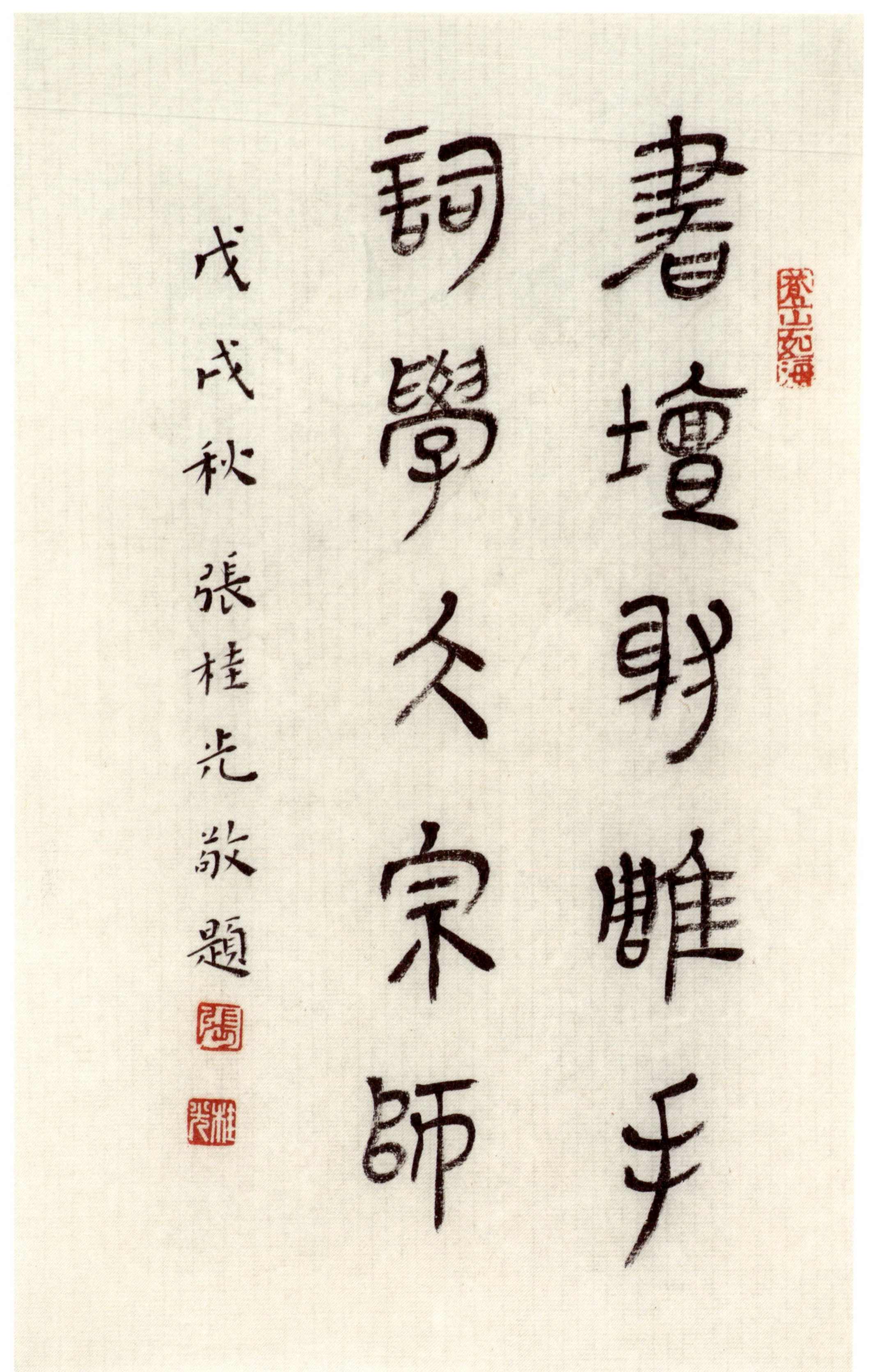

张桂光

华南师范大学中文系教授、汉语言文字专业博士研究生导师组组长
中国古文字研究会理事
中国书法家协会理事兼评审委员
广东省书法家协会主席

詹安泰先生手迹

序

谢佳华

广东的学术界，有相当一部分学者，甚至是著名学者，他们对书法的认识、理解、实践、研究和运用，并未引起书法界的高度认识和重视。这些学者对书法的修习与体验，往往有别于书法家、书论家、美学家，更具文化内涵和艺术价值，我粤詹安泰先生便是其中的佼佼者。

詹安泰，字祝南，号无庵，广东饶平县新丰镇人。曾任中山大学教授、中文系主任、古典文学研究室主任。他是我国现代著名的古典文学专家，于文学理论研究、古典文学作品鉴赏及诗词创作等领域，均有杰出成就，在学界产生过重大影响。其诗词踵承清季同光诗词“宗宋”之风，挹其芳润而独具面目，自成新境，与当时国内词人名家夏承焘、唐圭璋、龙榆生等被誉为现代“四大家”，日本学界更誉之为“南詹北夏，一代词宗”，可见其在二十世纪词坛上的影响和地位。先生博学多才，除了取得卓著的学术成就之外，还是著名的书法家。

文人士大夫，多视书法为末技、小道，学余遣兴。在治学之余，士大夫偶涉书艺，但都以此陶冶性情，净化心灵。然而，在中国书法史上，文人学者书法却成为书法艺术的主体和主流。文人学者书法自汉魏晋开始便是中国传统书法精神重要的组成部分。乾嘉年间，致力于经学、史学研究的一批学者，他们对书法的修习和理解，他们的书法观念不同于书法家、书论家。整部中国书法史，其实就是文人与学者的书迹史，而并非专业书法家的历史。事实上，只有当文人学者书法成为书法主体的时候，中国书法史才会更加异彩纷呈、博大精深。

詹安泰的治学生涯与书法并存，但其书名为学术所掩。他“懂”书法，“善”书法，“用”书法，但“书而少述”，其书法观念主要呈现在书写之中。詹安泰于治学之余喜欢书法，书法成为其调剂生活的风雅余事。其存世书法作品不少，各时期的书作，无论其中所包含的主观或者客观因素，都自然地表达了他的书法见解和主张。二十世纪初中叶，詹安泰在学界已有一定的地位，其虽毕生致力于学术，治学贯穿一生，但勤于书道，精于书道，显得尤为难能可贵。他有大量的书法作品散布于民间，形成独特风格和书法观，用书法表达独特的审美意识和审美情趣。

清代书法，大抵糅合欧、颜、柳、赵、董诸主流书家，然而其结字少变化，古本书帖多为私人收藏，翻刻本或伪本、谬品流行于世，故明末清初，随着各种碑版的出土和发现，写碑者大行其道，乾

詹安泰全集书影

嘉年间聚集了一大批学识渊博的高级知识分子，考据之学盛行，成绩辉煌。他们以学术为职志，视书法为学之终事，于经学、史学以及文化史用力甚勤，对近代的学界影响深远。其中一部分学者既擅书法又擅著述，但不以书法为职志。他们大多书名不显，或者书名显著但为学术成就所掩盖。古人论书喜言“字如其人”“书为心画”，清人刘熙载论及书法时言：“书者，如也。如其学，如其才，如其志，总之曰如其人而已。”詹安泰的学术生涯颇像“乾嘉学派”中人，然其生活在两百年后的二十世纪，其学术发轫于辞章，将考镜史实、究明诂训和阐发义理合称为经史子集之学。在谈到词集笺释时詹安泰明言：“要明故实、辞藻、音训、义理。前者为史，次者为集，次者为经，最后为子。”他认为经史子集的特点都应为词学的内容所包容，显然，词学是在这个学术的历史背景中形成的。詹安泰尤重视历史考证，探明词的历史背景、历史事实，从而阐明词的思想意义、艺术价值，探究作者的词心情感。

詹安泰以词学名世，被誉为“岭南词宗”，著作甚丰，有《詹安泰诗词集》《花外集笺注》《词学研究十二论》《碧山词笺注》《宋词散论》等。他毕生倾力于词学研究，从校勘笺注、专题探讨到词学理论体系的建构，在现代词学史上具有非常突出的地位。二十世纪五十年代，学术界就南唐后主李煜词的评价展开过激烈的争辩，詹安泰不为时见所囿，独发卓识，他出版了学术论著《李璟李煜词》，详细阐发自己的观点，在学术界产生巨大影响，后人评价说：“詹安泰先生一生的学术业绩，最突出的是表现在词学的研究上，他对词的起源，对宋词的评价，对宋词发展的社会意义，对唐宋诗人的风格流派，对词作的艺术分析等等，都曾做过深入的探讨，发表了一系列论著，其中《詹安泰词学论稿》一书，系统表现了詹安泰先生词学理论研究中的精辟见解。”当代词学家施议对认为：“詹氏所作词，每将家国身世之感寄寓其间，有着深邃的命意，而且他的词绵丽而有疏宕之气、空灵之境及沉郁幽忧之思，在当代词坛独树一帜。”

与其他学者不同，詹安泰于学术之余精研书艺，功力深厚，碑帖相融，有浓

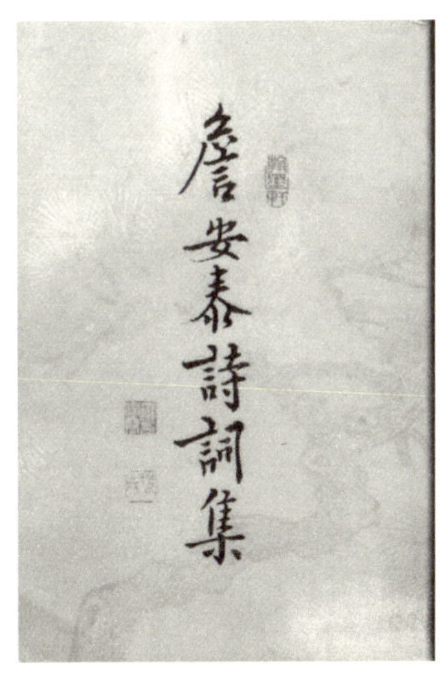

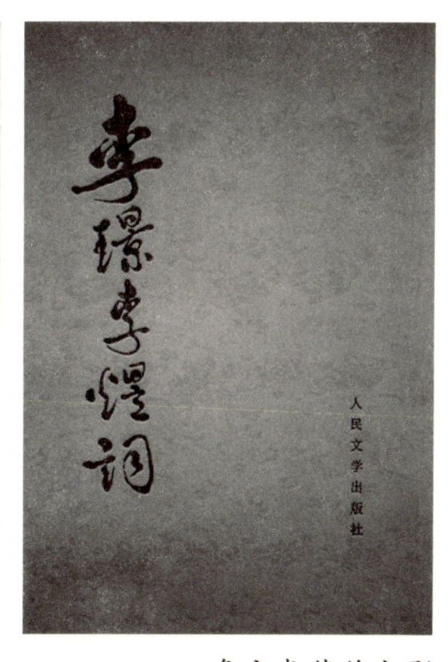

詹安泰著作书影

郁的书卷气，丰富的人文内涵，笔墨之中蕴含学养。苏轼云：“退笔如山未足珍，读书万卷始通神。”黄庭坚亦云：“学书要须胸中有道义，又广以圣哲之学，书乃可贵。”这都强调道德学养与书法的精神意蕴的关系，阐明“积学储宝”和“学高韵胜”的书理。季羡林在谈到学者书法时说：“学者书法不仅讲求书法的典雅清正，而且要求书法具有深厚的文化意味，学者书法不仅是艺术，而且是文化，同时也是学者对汉字的美化和文化化。从学者书法作品中可以看到学者的文化修养和宽宏眼界。”

清中叶以降，熔碑帖于一炉的书家，最有代表性的有许多，例如赵之谦、杨守敬、郑裕钊、何绍基、沈曾植、康南海，当代擅于碑帖结合且成功者却寥寥无几，由此可见碑帖二者相融合难度之大，非学养深厚者不能为。何绍基言：“书家须自立门户，其旨在熔铸古人，自成一家，否则习气未除，将至性至情不能表现于笔墨之外。”纵观大部分学碑者，都擅于表现其雄强、犀利、拙朴的风格，而多无内在的理解。

民国时期的学人，凡喜欢书法的，基本都受碑的影响。究其根源，前有清中期“乾嘉学派”的推扬，后有阮元的《南北书派论》、包世臣的《艺舟双楫》和康有为的《广艺舟双楫》的鼓荡，尤其是康有为，影响更为巨大，他开启了前所未有的扬碑抑帖的书法变革。《广艺舟双楫》中有诗赞《爨龙颜碑》曰：“铁石纵横体势奇，相斯笔法孰传之？汉经以后音尘绝，惟有《龙颜》第一碑。”又曰：“宋《爨龙颜碑》浑厚生动，兼茂密雄强之胜，为正书第一。昔人称李斯篆画若铁石,体若飞动,可以形容之。”康南海对《爨龙颜碑》推波助澜，推崇备至，可见民国时期对书坛影响之大。《广艺舟双楫》的可贵之处，还在于能脱前人论书以总结式为主的窠臼，以理论为先导，康南海认为：“不独六朝遗墨不可复睹，即是唐人钩本，已等凤毛矣。”他指出“帖学之大坏，碑学之当法，南北朝之可贵”。但从清末至民国至当代，能碑帖结合而出新者的确是凤毛麟角。

詹安泰先生写碑，雄强中透出典雅，与同一时期学碑者同源而异途，其字里行间表现出来的文人气息，写碑而具帖韵，写帖又具碑味。他钟情于魏晋风度、唐法宋意，但并不将碑学的盛行看作近代书学嬗变中的一大转折点，而着意学习碑版富金石味的雄强、壮伟、直截了当的阳刚之气，同时对传统帖学保持辩证的态度，以兼容并蓄的学者胸怀博取之，书写时不刻意追求碑刻的刀意，用笔方圆结合，轻松自如，让人细细品之，既碑味十足又富帖味书卷气，故书作自然而无浮躁气。民国时期的书法，由于倡碑之风盛行，无论文人学者乃至书画家，写碑均成一时风尚。与毕生浸淫帖学者不同，詹安泰于帖学之外，对碑版、章草、篆隶广泛涉猎，以帖入碑，以碑掺帖，行笔跌宕，结构险峻，体势修长隽迈，线条柔韧凝练，且擅各种书体，能以碑版之法而写行草之韵，正所谓出碑入帖，融会贯通，整体气息典雅秀劲。詹安泰的书风碑帖结合，大气磅礴而又有浓厚的文人气息，如其二十世纪三十年代书赠其学生、潮籍学者蔡起贤的对联（下图）“放开肚量食饭，立定脚跟做人”，是这一时期的代表作。字形似《石门铭》洒脱自然，用笔若枯藤老树，从容洒脱，无拘无束，好似璞玉浑金，不故作雕琢，无造作，神采直追康南海。詹安泰的书法，得汉魏六朝碑版神韵，得《石门铭》《爨龙颜碑》《爨宝子碑》纵横奇宕之气。詹安泰写二爨，在取其随字异形、聚散自然、变化多端特点的同时蜕出自家面目，用笔如长枪大戟，沉着痛快。他不满足于帖学，也不单纯模仿碑版，故能熔铸古今，冶真行草隶篆为自家符号。

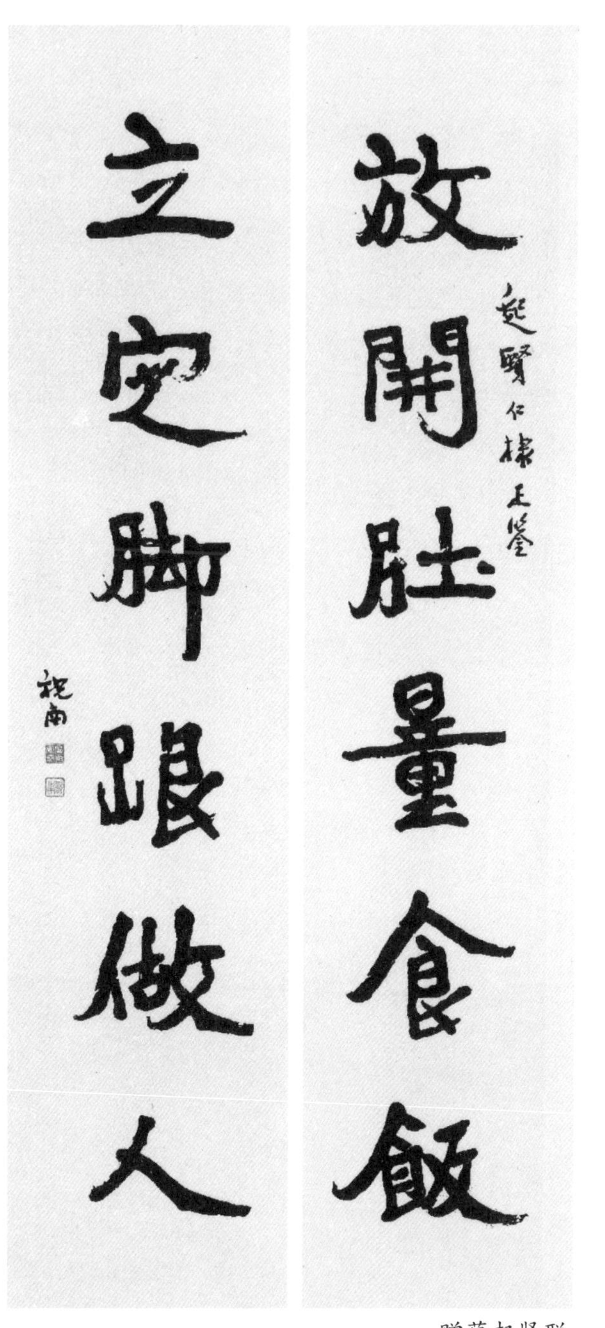

赠蔡起贤联

詹安泰的书风以骨力胜，其创作的大部分作品基本保持这一风格。以碑入帖，熔二者于一炉，古意盎然，苍劲朴拙，力透纸背，而又文质彬彬，修养与天趣完美结合，形成独有之书卷气息。审美上，他兼收并蓄，取长补短，不排斥其他风格，他的诗《东坡书陶诗小楷墨迹·丹师命题》就充分体现这一审美观念，诗云：“平生喜临东坡字，平生喜读东坡诗。亦犹东坡喜渊明，和诗作字无时离。昔人论字与诗若？谓必脱俗无丰肥。我意东坡必不尔，点画肥厚生奇姿。岂独馒头喻不伦，气韵每每钟王期，硬黄颠米庸渠偶，妖歌嫚舞真儿欺。”作者强调喜欢苏轼的字和诗，也喜欢苏轼的“点画肥厚生奇姿”。两者之间不在于取其肥或瘦，而取决于与自己性情相吻合，这正暗合苏轼在《孙莘老求墨妙亭诗》中所论：“杜陵评书贵瘦硬，此谕未公吾不凭。短长肥瘠各有态，玉环飞燕谁敢憎。”从詹安泰的许多论书诗词中，我们可以看到其艺术审美、人生境界、个人修养、文化品位折射出来的独特思想。

创作于一九三〇年的《感怀遇诗五首》是二十世纪三十年代詹安泰赠予学者陈其铨的书法作品(册页），下页为其中一首诗。释文：“人生有饭随缘食，泛海无方偶此居。腐眼悬知飞骨

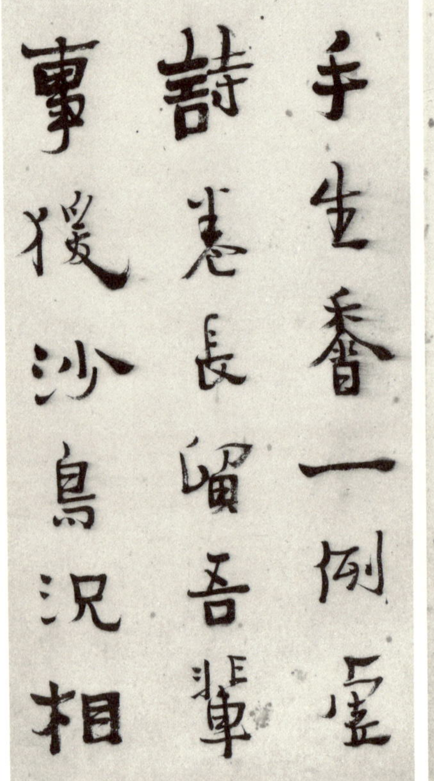
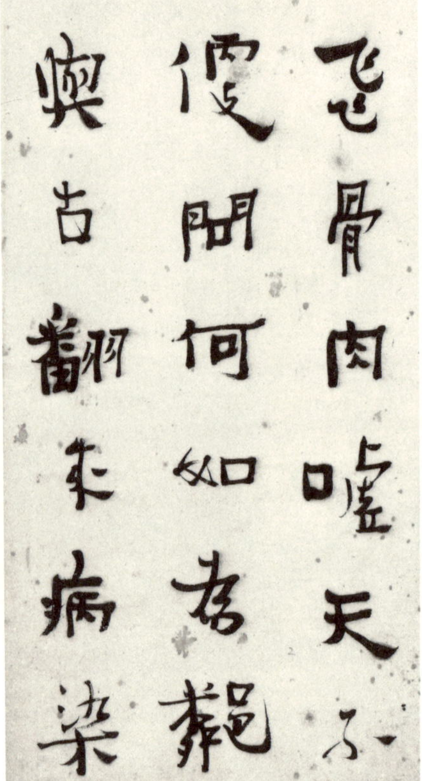
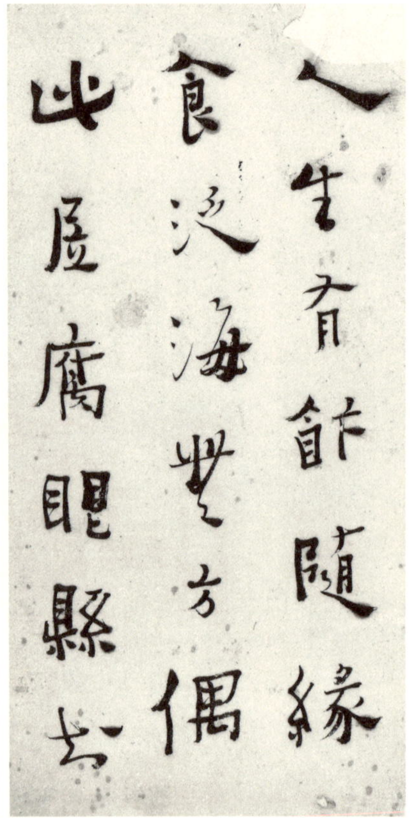

《感怀遇诗五首》局部

肉，嘘天不便问何如。为邻与古翻成病，染手生香一例虚。诗卷长留吾辈事，岩猨沙鸟况相于。”此自作诗册页，充分吸取魏碑二爨的养分，化为己有。既可见碑学功底，又见唐法韵味，两者相融互渗，点画轻松，典雅静穆，五十多个字写来得心应手，挥洒自如，文人气息浓厚。这是其书法进入成熟时期的代表作，从中可领略到其书法的渊源脉络——远蹑秦汉魏晋碑版精神风度，近接唐宋法度意境，其成就甚巨，在大量吸收前人经典碑帖的基础上，形成自己具文人气息的书法气象。

另一件作品，是一九四九年詹安泰为德孚弟所题写的横幅《天风楼》。“天风楼”三字结体严谨，欧阳询的风格中间以褚遂良笔意，笔力劲险，书风凌厉，两者间渗进自家的文秀清冽。题款数行行书，凝神静虑，疏密敧正，各有妙处，与主题相得益彰。

《天风楼》横幅

一九六三年，詹安泰在商承祚所藏清代画家戴熙绘《龙泉寺检书图》上题跋，一改之前碑意帖味的书写风格，用纯粹的行书一气题就，静穆中带灵动，俊逸轻松，通篇书卷气十足，典雅平和，不食人间烟火。汉代扬雄谓“书为心画”，即体现出“书”的生命性，意即书法就是反映书者生命律动的艺术，以书法为载体，用较抽象的点画表现出生命的“骨、筋、肉、血”。其书法让欣赏者从情感和想象中感受到特有的生命气息和音韵美。若以心法、器用论之，此题跋是其心画之代表。

执鞭中山大学之余，詹安泰尤热衷书法与金石研究，对汉隶、魏晋六朝碑版用功之勤，非一般书家可以比拟，他的隶书，深得古隶神韵，质朴无华。自清至民国，真正能以写碑而现书卷气者，屈指可数，詹安泰可算其中一家。他兼善真、行、草、篆、隶五体，于汉隶、

《龙泉寺检书图》题跋

魏碑楷书用功尤勤，他的书迹，内外一致，显现出雄强与灵动的气韵之美。他在创作或抄录自作诗词时，总会自觉或不自觉地运用各体融合的笔法与结体，突出质朴古意。当代国学大师饶宗颐在《詹无庵诗序》中高度评价詹安泰的诗，抒发感慨说："无庵之于诗，气骨遒而情性敻。攓太华曾云之峻，不足以方其缥缈之思；吸西颢沆瀣之英，不足以喻其高骞之操……无庵挂瓢滇海，凄吟武溪，居山林之年，值澒洞之际。晚岁所作，如书之一波三折，逋峭峻絜，至今诵之，低徊悱恻，弥怆平生于畴日。"借饶老此序句评论詹安泰的书法艺术亦可。其艺与道通，虽逝而道存，写出魏晋新风度。

书法神奇之处，在于能流露出心迹、性情、学养、神气、韵味和情趣，既是有形的，更是无形的，这也是书法的魅力所在。正如当代的书法大家沈尹默所言："世人公认中国书法是最高艺术，就是因为它能显示惊人的奇迹，无色而具图画的灿烂，无声而有音乐的和谐，引人欣赏，心畅神怡。"

学者书法是尚未被人们充分认识和深入研究的领域，其审美情趣与人文精神有着不可估量的学术价值，对弘扬中华民族优秀的传统文化有积极深远的历史意义。

目录

文论

詹安泰书法作品

目录

文论

詹安泰先生在书斋中

我的父亲——“岭南词宗”詹安泰

詹伯慧

一、双语家庭，书香门弟，祖居号称“学文堂”

父亲字祝南，号无庵，一九〇二年出生于一个中医家庭。我们家在饶平上饶山区的新丰镇润丰楼。这是一座典型的客家土楼，楼内的人全都姓詹，也全都讲饶平客家话，一种跟标准客家话——梅州客话有相当距离的“半山客”。饶平这地方是潮州话和客家话兼有的双方言地区，县北从新丰开始全是客家话区，人口约占全县四分之一；新丰以南经过县城黄冈镇直到沿海的一些乡镇，说的则全是潮州话，我们也叫它“福佬话”，说福佬话的人口约占全县人口的四分之三。我家润丰楼坐落在新丰镇的北端，正好是上饶客家话区的起点，这样，新丰镇上就成为福佬话和客家话交汇点、双语并用的地方了。我们家从祖父那一代开始，娶来的媳妇都来自县内外说福佬话的地区，这就使得我们家从来都是客家话和福佬话并用的双语家庭。

我们家还是饶平客家话区稍有名气的书香门第。祖父是位悬壶济世的老中医，远近驰名。父亲弟兄三人先后上了大学，都是读文科的：父亲攻中国文学，二叔天泰三十年代到上海暨南大学攻经济，三叔力泰四十年代在中山大学攻历史。记得小时候，父亲和两位叔叔一共三家人都住在润丰楼外祖先留下来的一栋叫作“学文堂”的房子里，周围的人把它叫作“书斋”。从“学文堂”这个名字，就可以想见祖父那一辈是希望父亲他们都能在“文”字上面下功夫做学问的。我小时候听乡里长辈说，父亲自小聪颖好学，酷爱诗词，十岁开始学写诗，十三岁开始学填词。一九二六年从广东大学毕业回到家乡时，带回来的书很多，租了一辆卡车运到新丰来。乡亲们总是拿这件事来印证学文堂不愧为书香门第。此后每当我回到家乡，抬头看见“学文堂”三个大字，想到父亲一辈子栽进书堆中，拼命读书，拼命做学问的情景，不免感慨万千！

二、执教韩师，受聘中大，与饶宗颐情深谊厚

父亲一辈子献身教育事业，一九二六年大学毕业回到家乡，第二年就接受广东省立第二师范学校（韩山师范学院前身）校长方乃斌的聘约，在那里当文史教员。开始时教授文史、诗词、近代文等课程，后来又陆续讲授过文学史、美术史等课。几年后，在一九三二年，还兼任金山中学高中部教员一学年。这些在韩山师院的校史中都有记载。据当年听过父亲讲课的韩师校友回忆，那时候的詹老师，穿着一套丰顺汤坑产的夏布唐装，配一双薄底布鞋，衣着朴素，中等身材，清俊潇洒，精神饱满，虽然只有二三十岁，却显得老成持重，大有儒者风度。任教韩师期间，父亲常乘当年的潮汕铁路火车赴汕头。父亲每到汕头，总有一些仰慕他的青年找他请教文学、诗词方面的问题。潮籍老作家吴其敏在一篇追忆先父的文章中提到此事：“每次从潮安到汕头来，一群人拥着他，听他谈文学，谈词，他总是把最新的研究成果，最近创作的新词拿来给我们讲解，或念给我们听。”当年人才济济的韩师，如今已是一所有着百年以上历史的名校了，历史上不少名家学者都曾在韩师留下足迹。有关父亲在韩师执教期间的事迹，当年的弟子门生多有缅怀忆旧的文字传世，其中父亲在韩师时最得意的弟子蔡起贤，在纪念父亲逝世二十周年的纪念文集上，有过一段这样的回忆：“当年詹老师的寓所在潮州城里的胶柏街，在五间平过的楼房楼上，院子很清幽。家中的设置很简单朴素，可是满目图书。靠右边最后的一间房子，就是詹老师读书工作的地方。我在学校听课之外，常常是星期日到胶柏街詹老师的书房读学校图书馆没有收藏的书。詹老师对我是毫不吝啬的，我要读什么就翻什么。他曾说：

‘你珍惜书籍，不弄脏弄坏，我很放心，只要是你读得懂或你要读的书，都可随便取阅，也可带回宿舍，细心研读。’要是我偶然有一两个星期天没有到他家，他就挂电话来唤我……詹老师的家，就好像我的家。”从这里可见父亲对门生的关爱。蔡起贤先生后来成为潮汕地区杰出的国学家、诗词家，对潮州文化的传承与发展做出了许多贡献，这跟当年在我父亲身边的耳濡目染是分不开的。二〇〇二年父亲百年冥诞之际，蔡老以八五高龄，和与他同龄的饶宗颐先生，还有当年父亲的学生陈伟南先生，都专程莅穗出席盛会。在潮汕地区，人们提起潮州文化薪火相传的事，总爱拿蔡老跟我父亲的关系做例子。

近十多年来，随着汉学大师饶宗颐先生在文化学术界的影响不断扩大，潮汕人常把饶先生和我父亲这两位潮籍学者联系在一起，因而也常有人向我问起父亲和宗颐先生相交的情形来。在这里，就让我来谈点父亲和饶家交往中鲜为人知的事情。

早在父亲到韩师任教，和宗颐先生尊翁饶锷就有来往，饶家书斋天啸楼藏书十分丰富，父亲常去那里找书看，有时也带着我去，成为饶家的常客。一九三二年饶锷老先生邀集一班潮州诗人喜结诗社“壬社”，我父亲就跟诗社成员石维岩、杨光祖等频频酬唱。父亲比宗颐先生长十五年，那时宗颐先生还是一位二十岁左右的翩翩少年，但已经在乃父的培育下饱读诗书，熟谙艺文，也能吟诗作对，是位有名的“潮州才子”。我们家的客厅里，常引来一些文人墨客，高谈阔论，品茶论艺，其中经常可见宗颐先生。记得父亲有一次生病不能上课，韩师急需找位老师代课，父亲就推荐了宗颐先生。宗颐先生欣然受命，果然不负所托，课堂上深受同学欢迎。这大概是宗颐先生第一次上讲堂，可真是出手非凡！

父亲在韩师任教十二载。一九三八年，日寇进犯广东，战火炽烈，有人邀我父亲入蜀从政，父亲与祖父商量，祖父以学文堂世代书香，弃教从政实不可取，要父亲三思而行。其时羊城告急，中山大学奉命西迁云南澄江。恰巧主讲诗词的岭南词家海绡翁陈洵辞去教席，文学院院长吴康求贤若渴，驰函欲以名士身份急聘我父亲赴滇接替海绡翁教席，主讲诗词。从政乎？从教乎？父亲斟酌再三，终于放弃仕途，接受了中大教授聘约。这一弃政从教的果断决定，使得此后父亲漫长的学术生涯一直都和他早年的母校——中山大学紧紧连在一起，也决定了他一辈子始终没有脱离教坛，最终在中山大学结束他短暂的六十五个年华，可谓对中大忠心耿耿，从一而终。这里还值得一提的是，就在父亲决定离开韩师前往中大任教的时候，他念念不忘才华出众的多年深交饶宗颐先生，有意约请宗颐先生同往。一九三九年年初父亲单身先期赴任，其后，我母亲和宗颐先生相约一起绕道惠州经香港再转安南（今越南），取道滇越铁路上昆明找我父亲。后来因宗颐先生路上生病，抵港后为香港文化界所聘用，终止入滇行程，留下来在港工作。从此宗颐先生开始跟香港结下大半辈子情缘。假如当年宗颐先生和父亲一起到中大，日后宗颐先生的人生道路，是不是会跟我父亲有所类同呢！几十年来，父亲与宗颐先生始终相互眷念，书信往来与诗词唱和一直没有间断。一九六七年父亲含冤谢世，宗颐先生悲痛万分，对其遗作的付梓刊行，总是念念不忘。直到八十年代初，我在东瀛讲学期间，有幸带父亲诗词手稿与宗颐先生相聚京都三缘寺，共商刊印遗稿大计，其后宗颐先生将父亲手稿带到香港，多方奔走，几经周折，终于得到时贤何耀光先生的赏识，以《至乐楼丛书》第二十五种将父亲诗词遗作《鷦鷯巢诗·无庵词》在港影印刊行。宗颐先生鼎力促成先父遗著面世的这段情结，凸显这两位潮籍前辈学者的深厚情谊，在学术界传为佳话。

三、钟情诗词，被誉为“岭南词宗”，名列“词学四大家”

父亲的学术事业涵盖几千年的中华文化，他毕生的研究涉及中国传统文学中的多个方面。近期学术界对他的定位是“我国二十世纪著名的词学家和文学史家，也是著名的诗人、词人和书法家”（《詹安泰文集》前言）。但诗词的创作与诗词的评论毕竟是他用力最勤、成就最大的亮点。父亲一九二六年大学毕业受聘省立第二师范学校以后，开始大量创作诗词，潜心研究诗词理论，并与国内词学名家夏承焘、唐圭璋、龙榆生、陈蒙盦、曹缃蘅、陈竺同、卢冀野等广泛交流，书札往返，酬唱论词。曹缃蘅主编的《国闻周报·采风录》、龙榆生主编的《词学季刊》，以及《青鹤》杂志等，经常发表父亲的词作。父亲于一九三七年从几百首词中选出一百首编成他的第一部词集《无庵词》。在词集的小序中，父亲说：“余志学之年，即喜填词。风晨月夕，春雨秋声，有触辄书，书罢旋弃。三十以后，爱我者颇劝以存稿，积今五年，得百首，亦才十余六七耳。蔡生起贤见而好之，为辑抄成册。”当时删去的有三百多首，可见父亲这首本词集，编选是十分精严的。香港《探照灯》报曾以“岭东词长詹安泰”为题专门介绍这本词集。《无庵词》一经问世，立即好评如潮，词学权威夏承焘一再称赞先父“词学甚深”“词甚工”，词曲大师吴梅赞赏先父的词作“取经一石（姜白石）二窗（吴梦窗、周草窗）而卓有成就者”。《无庵词》主要是父亲三十岁前后的作品，线装印制，现已不可多得。一九八二年香港《至乐楼丛书》第二十五种将《无庵词》与《鷦鷯巢诗》合刊出版，其中《无庵词》分五卷，收入两百四十四首，就包含了早期收在《无庵词》中的一百首。二〇〇二年，在纪念先父一百岁诞辰的前夕，香港翰墨轩出版《詹安泰诗词集》，其中词集仍名“无庵词”，在第五卷增收了《至乐楼丛书》漏收的二十九首词，共两百七十三首，这是父亲词集中最为完备的传本。一九三九年父亲在云南澄江刊行了他的诗词合集《滇南挂瓢集》，这是他的第二本诗词集。从《无庵词》到《滇南挂瓢集》，父亲的诗词名家地位，由此而奠定下来了。

父亲的诗词创作，近期学界多有研究。潮籍著名学者吴承学和他的同事彭玉平教授是当代诗词研究名家，他们编选《詹安泰文集》，在书前的《学术小传》中概括为："詹安泰博学多才，而用力于诗词者尤深。他兼善诗词创作和诗词评论……詹安泰先生的诗词，学有渊源，他踵承清季同光诗人'宗宋'之风，挹其芳润，发为诗词，而自臻新境。他的《鹪鹩巢诗》凡九卷，受梅尧臣影响特深，同时，又具有韩愈和苏轼的笔势。在填词创作方面，他承晚清朱祖谋、陈洵之绪，初宗白石，继学梦窗，辛辣处殆过其诗。"同时，该书前言中也指出："詹安泰诗风曾有一个从'绮思'到兼有'雅怨'的发展过程。"当代词学家施议对在《当代词宗·前言》中评价说："詹氏所作词，每将家国身世之感寄寓其间，有着深邃的命意。而且，他的词绵丽而有疏宕之气、空灵之境及沉郁幽忧之思，在当代词坛独树一帜。"

父亲以词学名世。他是我国现当代少有的兼善诗词创作与词学研究的学者之一。在词学研究方面，从词学理论体系的构建到词学专题的探讨以至词集的校勘笺注，都有不少令人瞩目的建树。其研究成果，在二十世纪词学史上，具有非常突出的价值和地位。鉴于父亲在词的创作及词学的建设和研究上做出的非凡业绩，当今词学界都认为，詹安泰是当代岭南词派的领军人物，被誉为"岭南词宗"。其词学造诣与词坛声望，堪与江浙词家夏承焘、唐圭璋、龙榆生媲美，词学界将其与夏、唐、龙一起，并列为现代中国词学四大家。与此同时，父亲还是一位出色的书法艺术家。他的书法别具风格，兼善多种书体，行书秀逸飘洒，碑体凝重典雅，都独具风韵，深得海内外书道行家的赞赏，其书艺作品早年在潮汕和港澳地区以及东南亚广为流传，收藏者莫不视为珍贵墨宝。

父亲一生坎坷，屡遭凌辱而始终未泯学术壮志，长期强忍身心的痛楚与折磨，奋力著述，毫不懈怠。如上所述，他能够在如此艰难的条件下为我国传统文化的传承与发展做出如此非凡的贡献，实在令人钦叹不已！《詹安泰文集》前言中的一段话，我想可以代表今天人们对我父亲的总体评价："詹安泰在二十世纪古代文学学术史上，留下了一笔丰厚的遗产。虽然他孤独而凄凉地离开人世，但他用文字为自己建筑了一座学术丰碑，供后人永远地瞻仰和怀念。"父亲走了，他含恨地走了！他一生拼搏，却来不及享受祖国学术振兴的精美大餐；他热爱家乡，他钟情韩山韩水，却无缘亲睹韩江岸边古城的壮丽新装。一九六七年父亲是在万恶癌魔的侵噬下才过早地撒手人寰的，时年只有六十五岁。今天我在这里回顾父亲一生走过的道路，聊表我们后人的深切怀念，也想借此激励我们的后来者：一定要继往开来，要发扬光大先辈为我们创下的宝贵文化遗产，要把我们的家乡潮州饶平建设成无比精彩的文化名城。最后，我想用吴南生同志在《詹安泰纪念文集》中给父亲的题词来做这篇短文的结语："岭海芳型垂永久，诗人风范在人间。"

二〇一四年十月于广州暨南园

詹安泰先生在学术上的成就

黄天骥

詹安泰教授是我国著名的古典文学研究专家，他一生勤恳地在中国文学史研究领域里努力耕耘。新中国成立后，他除了在中山大学中文系任古典文学教研室主任，领导全室教师搞好教学，并以身作则担负繁重的教学任务外，还写出大量的学术论著，在国内学术界产生了很大的影响。

詹安泰教授于一九六七年逝世，到如今已悠悠二十年了。生前身后，他的论著被集结为《中国文学史（先秦两汉部分）》《屈原》《李璟李煜词》《古典文学论集》《宋词散论》《詹安泰词学论稿》《离骚笺疏》等多种，计一百多万字。这些论著，绝大多数是在一九五三年至一九六三年间写成的。一九五八年前，詹安泰教授教学工作、社会活动极为繁冗；一九五八年后，他蒙受凌辱，遭际极为坎坷。但不管处于顺境还是逆境，詹安泰教授孜孜不倦钻研学术的精神，则始终如一。捧读遗篇，怀想当日，倍感詹老师品格之可贵。

一

广州解放后，詹安泰教授曾立下决心："三年不读线装书。"出于对新中国和中国共产党的热爱，他准备用三年的时间，认真研读马克思列宁主义的著作，大量翻阅新中国成立后出版的文艺论著，包括从苏联传入的文学理论。作为从旧社会走过来的学者，能够自觉地提出学习马克思列宁主义，力图掌握辩证唯物主义和历史唯物主义的观点方法，实在难能可贵。也正因为詹安泰教授旧学基础深厚，当他一旦试着运用新的观点方法解释中国古代文学的现象时，便能脱颖而出，在当时古典文学研究领域产生强烈的影响。

一九五三年，詹安泰教授在《人民文学》发表了《〈诗经〉里所表现的人民性和现实主义精神》一文。这是新中国成立后第一篇试图用马列主义观点方法研究《诗经》并取得卓越成绩的学术论文，是詹安泰教授学术思想发展的里程碑。

詹安泰教授在全面研究《诗经》的基础上认为，除了《国风》值得重视外，三《颂》与大小《雅》，虽然其中许多是服务于统治阶级的作品，但是里面也包蕴着不少反映社会现实的东西。这一分析，既注意作品表现的阶级性，又注意文艺创作的特殊性和复杂性，詹安泰教授没有因为《小雅》《大雅》《三颂》多是出于统治阶级之手的作品，便一概抹杀。他发现其中包含着可贵的成分，“还可以有选择批判地吸收”。在新中国成立初期，学术界深受庸俗社会学的影响，詹安泰教授对《诗经》的分析，给人以清新的感觉。

詹安泰教授研究《诗经》最具创造性的意见，是认为《雅》《颂》里有些诗篇反映了“农业生产者在生产斗争和生活斗争中的愿望与要求”。他认为《周颂·良耜》是农村社祭时的祭歌，社祭虽由统治者主持，祭歌却是以农歌为蓝本。这样的理解，和郭老对《良耜》的看法截然不同。在严密考证的基础上，詹安泰教授给《良耜》重新翻译，生动雄辩地表明它确是一首生气勃勃的农歌，学术界中许多同志也接受了詹安泰老师的观点。根据《诗经》是古代民歌这一论断，詹安泰教授在论文中经常把历代和现代的民歌与之比较，说明古代和今天劳动人民思想上一脉相承的地方，说明艰深难懂的四言诗，其实与今天的民歌一样，充满着对剥削者憎恨的感情和对爱情强烈追求的愿望。詹安泰教授明晰地阐述了古代民歌的价值，把对《诗经》的研究推进了一步。

一九五三年，詹安泰教授又主编了《中国文学史（秦汉部分）》。此书共分为十二章，除个别章节由容庚、吴重翰教授撰写外，统由詹安泰教授负责，它是中华人民共和国成立后由高等教育出版社作为高校交流讲义出版的第一部文学史教科书。

在《中国文学史（秦汉部分）》中，詹安泰教授力图运用马克思主义的观点，分析各种文学现象。例如谈中国文学的起源，詹先生强调劳动创造文学。他指出，无论上古诗歌或古代神话，都直接或间接与劳动有关。与此相联系，詹安泰教授充分注意人民在文艺创作中所起的作用。可以说，强调民间创作促进了秦汉时代文学的发展，是这部文学史教科书的一大特色。

古代作家，不可能出生于民间，詹安泰教授评价他们的成就，则以他们的创作是否反映了人民的思想感情为标准。例如屈原，他是出身贵族的诗人，詹安泰教授详尽论述他的生平，对他的创作给予极高的评价，认为他的作品“具有深厚的人民性和高度爱国主义精神，具有丰富的感情、精练的语言、高超的想象和美丽动人的艺术形象，它已达到了高度的思想性和高度艺术性的统一”，认为屈原的成就，是他热爱人民，在流亡许多年后更接近人民、熟悉劳动人民思想感情的结果。詹安泰教授又认为，屈原与当时民间创作的关系密切，曾对劳动人民创作的《九歌》进行加工，从中吸收了养分。关于《九歌》产生的问题，历来众说纷纭，较多人认为这是祭歌，詹安泰教授则着重指出，《九歌》里面各种神都和劳动人民的生产、生存有密切的关系。例如云中君是云神，湘君、湘夫人是湘水之神，大司命、小司命是主宰命运、子嗣之神，东君系太阳神，河伯系河神，山鬼是山神，国殇是祭一般鬼魂，因此，詹安泰教授认为这是祀神的歌辞。现存的置于屈原名下的《九歌》，十分精美，与民间作品比较粗糙的情况不同，“显系经过屈原精心加工的《九歌》处处都达到了顶峰，在我们面前展开了一个迷人的世界，读《九歌》的人，不管理解它或不理解它，总会有一个共同的感觉，美丽芬芳，怡神悦目。屈原把民间文学提到很高的位置，也就是他在中国文学史上另一伟大贡献”。此外，对于《楚辞》的成就，詹安泰教授也注意从它具有民歌的风格，采用楚国的方言，运用楚国的音调，描写楚国的特殊名物，吸收大量的神话故事等角度予以评价。

在新中国成立前，治文学的学者只注意纯文学问题，或者只罗列史料，不加分析，谈不上研究文学发展的规律。在新中国成立初期，詹安泰教授学习了马列主义，注意到劳动人民在历史上（包括在文学发展史上）的作用，力图画出一条中国文学发展的线索。正因为詹安泰教授在掌握了大量的史料，透彻地理解作品的基础上，以正确的观点去分析先秦两汉的文学现象，所以，即使过了三十年，他所主编的《中国文学史（秦汉部分）》在今天仍有参考价值，一直受到学术界的重视。

二

詹安泰教授一生重视词学。新中国成立前，他撰写的《词学研究》，从声韵、音律、调谱、章句、意格、修辞、境界、寄托、起源、派别、批评、编纂诸方面，全面阐述词学问题。这部著作，散失过半。遗稿七章，载入《詹安泰词学论稿》中。现在我们看到的文字，尽管已非全璧，但仍可以窥见詹安泰教授在词学方面的精深造诣。

《词学研究》首论声韵。詹安泰教授旁征博引，列举了前人对词韵的论点，指出习词者对守声之说，不可不知；研究词学，也必须洞悉词在形式上的规律。但是，詹安泰教授认为，声韵的规矩并非一成不变，像沈义父、万树等人严论上、去二声，入声字则不拘；况周颐、陈锐则兼论入声；李渔却专论上声的重要性。根据“以守四声说求之古人已不能尽合”的情况，詹安泰教授认为，“时至今日，词已不得协乐。所谓四声者，亦正可守，可不必守，倘必刻舟记柱，非真善用赵卒者矣”。显然，詹安泰教授较早就能以发展的眼光看待词的音韵和创作问题的关系。

《词学研究》还畅论“寄托”“修辞”等问题。詹安泰教授以充分的论据，说明我国词坛向来重视“寄托”的艺术手法，他首先指出“寄托”手法产生的根源：“北宋真仁以降，外患浸亟，党派渐兴，虽汴都繁丽，不断歌声，而不得明言而又不能已于言者，亦所在多有；于是辞在此而意在彼之词，乃班秩以出。及至南宋，则国势陵夷，金元继迫，忧时之士，悲愤交集，随时随地，不遑宁处；而时主昏庸，权奸当道，每一命笔，动遭大僇，逐客放臣，项背相望；虽欲不掩抑其辞，不可得矣。故至南宋最多寄托，寄托也最深婉。”詹安泰教授注意把艺术手法的产生与社会条件联系起来，得出切合实际的结论。有些作品，能于寄托中求其真意，“可当史读”。但又认为不能一味以“寄托”说词。一些词明明只描叙个人刹那间的感受，并无深意，有人却穿凿附会，以为别有寄托，弄得笑话百出。詹安泰教授的论断，纠正了向来治词者的偏颇，给寄托手法以准确的诠释。

在《论修辞》中，詹安泰教授详审地列举了各种词的修辞现象，概括地把修辞作风归纳为拙重、雅丽、疏快、险涩四类。在分析词的修辞风格时，他尤其注重形式与内容的关系，例如论“拙重”一派，抒情适如其情，叙事适如其事，“非有真情实感者不易下笔”。因此，詹安泰教授对这一派的评价是：“在修辞技巧而言，拙重最为初步，而以修辞效用而言，则拙重最成功。”这一看法，鞭辟入里，也说明詹先生较早就能辩证地研究词学问题。

新中国成立后，詹安泰教授发表了一系列词学论著，对宋代词家研究尤深。

怎样评价宋词的思想内容，这是十分复杂的问题。詹安泰教授一生喜爱词曲，他所写的《无庵词》，峭劲清丽，功力深厚。正由于他洞悉词的韵味和特点，因此能客观公允地指出词的形式对于创作的束缚。同时，詹安泰教授指出，词的具体内容比诗更为难懂，它往往集合许多形象，压缩在简短的篇幅中，使人摸不清头绪。有时他言在此而意在彼，有时只从个人的偶然感受中寄托深广的意义。然而，词的这些局限，恰恰形成了词的特点，因此，对待词作，必须深入分析，切忌囫囵吞枣，粗暴从事，要把社会情况、作者思想以及词的形象联系起来，才能透彻了解其中蕴藏的价值。总之，詹安泰教授不像有些学者那样，偏爱自己所熟悉的体裁，而是力求从具体情况出发，实事求是做出符合实际的判断。

综观两宋现存的两万多首词，詹安泰教授把它们概括为以下几个方面：个人的享乐生活和都市的繁荣面貌；政治境遇的风波和羁旅行役的劳顿；异族侵凌的悲愤和杀敌救国的雄心；身世乱离的感伤和家国沦亡的怆恸等。詹安泰教授既明确提出宋词存在不少封建糟粕，同时又认为宋代的许多词作都有积极的社会意义。

关于词的起源问题，历来有几种说法，有以为出于古乐府的，有以为源于六朝诗的，有以为词由诗变，始于中唐的。詹安泰教授力排旧说，指出词的兴起，既与外来音乐有关，又与当时流行的民歌有关。他认为："受了新的外来音乐的刺激，在传统的乐府民歌基础上创造了较为新颖自由、较多变化的体制来适应当时的生活需要，更吸取了一些流行民间的新东西（包括宗教迷信的东西），使它更带普遍性，这就形成了当时的一种新体诗——词。"詹安泰教授用充分材料说明词与燕乐的关系，并根据《敦煌曲》中许多无名氏的作品判定："词属人民首创，它在民间流行后才逐渐转到文人之手。"他坚持人民是历史主人的观点，纠正了封建文人的传统看法。

对词人和词作，詹安泰教授的分析尤为独创深刻。

詹安泰教授论词，紧紧抓住词这一形式所特具的构思方式来进行。例如温飞卿的词，喜欢选用色彩浓艳的字眼去创造艺术语言，有些作品，骤然看来只是一堆人物动作或自然景象的罗列，使人读来不得要领。但詹安泰教授根据"词意不贯"的特点，以鉴赏家的特有眼力，从温词里各种形象抽出内在联系的线，剖析它在浓艳辞藻掩盖下的真实含义，使人豁然开朗。像《菩萨蛮》"水晶帘里颇黎枕"，詹安泰教授从他写水晶帘、颇黎枕、鸳鸯被，看出作者在记述留宿的地方；从柳如烟、残月天的形象看出作者记述清晨离别的地方；从女子的衣饰打扮，从她双鬓被荷花隔开，玉钗摇动，看出作者写女子划着小艇，穿过花溪。经过一番抽丝剥茧式的分析，詹安泰教授让读者理解，这一首令人颇为费解的词，其实是一幅异常动人的完整鲜明的送别画。

詹安泰教授经常以比较的方法，研究词的形象，从而确切地阐明作家的艺术风格。例如指出孙光宪词的艺术特色时，就从《谒金门》“留不得，留得也应无益”说明，詹老师认为，这首词一开首就把抒情推到了极点，在《花间集》中找不到第二例，既说“留不得”，心情自然非常难过，接下去自应写怎样难分难舍。可是，孙光宪却出乎意料地翻过来说：“留不得，留得也应无益。”好似断了恩爱，毫无依恋，两句话说了两层相反的意思，说得直截了当，不留余地，里面却包蕴着许多情味，詹安泰教授认为：“这种突起、急转，既坦率又峭劲的写法，正是孙词气骨遒健的一种表征，温韦词中没有出现过。”

在剖析词的形象时，詹安泰教授往往旁征博引，反复启发读者的鉴赏力。像分析柳永《雨霖铃》“今宵酒醒何处，杨柳岸，晓风残月”两句，詹安泰教授指出它的好处是集中了许多触动离愁来表现作者的愁怀，“离人饮酒，是作为麻醉剂来消减愁怀的，酒醒无异愁醒”，更难排遣，詹安泰教授说：李璟《应天长》的“昨夜更阑酒醒，春愁过却病”，周邦彦《关河令》的“酒已都醒，如何消夜永”，都明显地说明这种情况。至于这词情景的联系，詹安泰教授从“杨柳岸，晓风残月”谈到温庭筠的“江上柳如烟，雁飞残月天”、韦庄的“惆怅晓莺残月，相别”，由此及彼，让读者触类旁通。因此，他剖析词作的过程，也是使读者提高艺术鉴赏力的过程。

詹安泰教授论词最有影响的文章，是《李煜和他的词》。

五十年代后期，学术界曾就对李煜词的评论问题发生过一场热烈的争论。有人认为李煜的词具有爱国思想，有人强调他所写的爱情词的真挚感人，也有人认为李煜是荒淫腐朽的帝王，他的作品在思想上毫不足取，因而在艺术上也不值一谈。

詹安泰教授对李煜的词做了深入的研究，他的《李璟李煜词》以清代沈宗畸刻《晨风阁丛书》、王国维校补南唐词为底本，以明代吕远刻的“墨华斋”本、清代侯文灿刻的《十名家词集》本、光绪时金武祥《栗香室丛书》复刻侯本、《全唐诗》本，以及有关二主词的各专集、各选本、词话等互相比勘，周详精审，在这基础上，詹安泰教授对李后主的词，提出了独创性的见解。

詹安泰教授对李煜的生平以及南唐政治形势做了详细的分析，并将李煜词分类加以论述，诸如写豪华生活和艳情生活的，写别离怀抱和其他伤感情调的，写囚徒生活和哀痛心情等，詹安泰教授条分缕析，指出这些词最大的特点，在于真挚地表达了作者的感情。他认为李煜词所表现的爱情固然不能等同于一般封建帝王的荒淫生活表现，但也不能等同于人民的真正爱情生活的表现。人们欣赏这些词，不在于其中的具体内容，“而在于李煜的大胆真实的描写和描写的高度成就”。同样，詹安泰教授认为，李煜那些抒写愁情恨绪的词，之所以会得到人们的喜爱，是因为“作者以自己无可奈何的感受，向人们提出了真诚的诉说，他在作品中所表现的愁、恨，正是人们在现实生活中最易感受到的愁、恨，最易引为同调的愁、恨”。在五十年代，学术界普遍把人的阶级属性夸大到绝对地位，不承认不同阶级的人也存在共同的好恶，詹安泰教授却认为李煜词是“真情实感的流露”，具有一定程度的典型意义和体现出人所共有的特征，能够感动不同时代的各个不同社会集团的人们。这一论断，独具卓见，说明詹安泰教授能够不为时见所囿，能够较好地运用辩证唯物主义的观点方法处理古典文学问题。

如何评论宋词，是我国文学史研究难题之一，有关词的艺术性，尤难掌握，为此，詹安泰教授把更多的注意力放在词的技巧研究上。他的《宋词风格流派略谈》《温词管窥》《李煜和他的词》《孙光宪词的艺术特色》《简论晏欧词的艺术风格》等论文，或从个别篇章入手，阐述词人的特色；或纵述不同词派的风格，为我们钻研词的艺术性问题做出榜样。

詹安泰教授一生辛勤著述，他除了集中精力撰写论辩式的学术论文外，间或从事笺证和考据。一九五六年，詹安泰教授在授课之际，写就《离骚笺疏》一稿，汇集从王逸以来历代专家对《离骚》的注解，爬梳剔抉，从中阐释真微之义。就在笺注《离骚》的同时，他又撰写了《屈原》一书，随后又写成《论屈原的阶级出身、政治地位及其在文学上的作用》长篇论文，充分显示出其在考证方面的功力。詹老师一方面结合屈原的作品，雄辩地论证作者的身世；另一方面以大量的材料论述“左徒”的官职的发展，从而考证出屈原地位的变化。詹安泰教授学识宏富，目光四射，判断准确，他对屈原身世的考据，受到楚辞研究专家姜亮夫教授的推崇。

在中国古典文学研究的领域里，詹安泰教授取得了杰出的成就。中山大学中文系为曾有这样卓越的学者主持古典文学教研室感到庆幸和骄傲。今天，由詹安泰、容庚、董每戡、方孝岳等老师亲手培育的人才，已逐渐成长，在祖国的四化建设中发挥作用。“岭海芳型在，菁莪教泽长”，詹安泰老师严谨勤奋的治学精神，永远存在后辈学者的心中。

一九八一年十月于广州

（作者系中山大学中文系教授，古典文学家，曾任中山大学中文系主任）

春风杖履失追陪

蔡起贤

詹安泰老师逝世已二十周年。二十年的岁月是漫长的，但我感觉这二十年，甚至是加上此前的二十年，时间却很短促，因为许多前尘往事，仍一幕幕出现在我眼前，好像还是昨天的事。我于一九三三年秋天考进广东省立第二师范学校（韩山师范学院前身）之后，虽然名列詹老师门墙，而始终是一株闲桃李，可是詹老师对我这株闲桃李，倒是极尽灌溉培育的辛劳。

当年詹老师的寓所在潮州城里的胶柏街，在五间平过的楼房楼上，院子很清幽。家中的设置很简单朴素，可是满目图书。靠右边最后的一间房子，就是詹老师读书工作的地方。我在学校听课之外，常常是星期日到胶柏街詹老师的书房读学校图书馆没有收藏的书。詹老师对我是毫不吝啬的，我要读什么就翻什么，他曾说：“你珍惜书籍，不弄脏弄坏，我很放心，只要是你读得懂或你要读的书，都可随便取阅，也可带回宿舍，细心研读。”要是我偶然有一两个星期天没有到他家，他就挂电话来唤我，不但是詹老师，就是柯师母，都把我看成自己的子弟一样。詹老师的家，就好像我的家。同学们及其他老师，都知道我逢星期天总要到胶柏街去。他们要向詹老师索求墨宝，常是把宣纸交给我代请书写。说也奇怪，真是有求必应。当我研好墨请他挥毫时，他没有推辞过一次。当时伯慧世兄只有五六岁，他拿一本《千首宋人绝句》，我伸纸，他念诗，詹老师就照他所念的诗，写成一张张条幅。我现在挂在厅壁那副“放开肚量食饭，立定脚跟做人”的楹联，就是在这种情况下写的。每当我看到这副对联时，总引起我悠悠的遐思。伯慧世兄前年来看我时，我还提起他当时站在椅子上伏案念诗的情景，彼此相视而笑。我脑中的小伯慧，他现在也五十四五岁了，已是暨南大学的文学院院长，也是知名学者。岁月的流逝，使我感到惘然。

詹老师有不少朋友，都是国内知名的学者、诗人、词人。他们常寄自己的作品给詹老师，他读后就让给我读，像唐圭璋教授寄来新著《宋词三百首笺注》，他读后并在书眉上写下自己的评议意见，然后交给我，要我细读细体会。我还把各条的评议意见过录了一遍，最近还在我的劫余废纸堆中发现。有时我也帮老师誊录一些稿件，抄写资料。他和师友讨论学术问题的信札， 每每拿给我看，我读不懂时，他就不厌其烦地为我解释。从他们往还的信件中，我看到老一辈的学人们，全无文人相轻的习气，他们都是既坦率又虚心，从善如流，大家都有“疑义相与析”的精神。有的朋友指出詹老师的一些词作喜用僻典，恐蒙“狐穴诗人”之讥，他便勇于接受，因此他在修改自己的作品时，都极力删汰。他对夏承焘教授的悼亡友谢玉岑《减兰》等词，如“拼断朱绳，谁与终弹杀衮声”，径直指出有“哀而伤”之感，并寄词慰问，也得到夏教授的首肯。他慰问夏教授的《水龙吟》结语云“漫连环索解，苹鱼残谱，付红潮打”，用薛据《登秦望山诗》“南登秦望山，极目大海空。朝阳半荡漾，晃若天水红”。夏教授的登秦望山《水龙吟》，詹老师的是和作，“打”字是险韵，押得很自然，夏教授来书极口称赞。他们这种相与为善的精神，使我非常感动。夏教授还一再称许詹老师“词学甚深”“词甚工”。除夏教授外，此时与詹老师书札往来，互相切磋琢磨学术的还有胡光炜、龙榆生、曹细蘅、李冰若、唐圭璋、陈柱尊、陈竺同、陈运彰、卢冀野等名学者名教授。曹细蘅主编的《采风录》在《国闻周报》

上，每期只有一页两版，前面是大名家陈石遗等的诗作，最后就是词，每期只有词一首，詹老师的词常被采录。在龙榆生编的《词学季刊》和《青鹤》杂志上发表的诗、词就更多。最被人重视的为一九三六年在《词学季刊》发表的学术论文《论寄托》，阐幽显微，从来就少见有一篇这样全面论述词的寄托的文章。故饶宗颐教授《读詹祝南先生遗著》一诗有句云"微言推《寄托》"，特别拈出这一篇论文。

三十年代，詹老师在词坛上已享有很高的声誉。香港《探海灯》以"岭东词长詹祝南"为题，报道詹老师的词学有高度的造诣；名学者、名词曲家吴梅教授称赞詹老师的词为"取径一石（姜夔号白石道人）二窗（吴梦窗、周草窗）而卓有成就者"，温丹铭先生也说"祝南词清刚隽上，接九歌九辨之绪，为能探其极者"，不过这还是就詹老师前期词作的风格而言。其实三十年代后期他所作的词，已经有新的变化。他深许陈述叔先生填词"问涂碧山，宜所先也"的主张，从此钻研《碧山乐府》非常认真，因碧山词多寄托，他的《论寄托》及《花外集笺注》就是研究碧山词的力作。即为程千帆教授"觉得很精辟"的《杨髡发陵考辨》一文，也是因为笺碧山《咏龙涎香》词而在这时开始属稿的。故此他常用"词非寄托不入，专寄托不出"的作词方法教导我。他的一些有寄托的词，也常把内容或本事告诉我。他有"撼局猧儿天不管，层楼何限口脂香"的词句，就是讽刺国民党当时说尽好话骗人（全词已忘记）。故读詹老师的词时，可不能忽略他深遂的命意。一九三七年詹老师的第一本词集《无庵词》出版，共收词一百阕。前面有小序一篇自述作词及辑录成书的经过："余志学之年，即喜填词。风晨月夕，春雨秋声，有触辄书，书罢旋弃。三十以后，爱我者颇劝以存稿，积今五年，得百首，亦才十余六七耳。蔡生起贤见而好之，为辑抄成册。"其实他的选择是十分精审的，当时删去的词就不下三百首，我为他辑成《删余绮语》就有二册。其中只《浣溪沙》二百韵便有四十首，我曾用三天课余的时间遍和这四十首词，他还给我加评语说："颇多隽语，妙年得此俊才也。"其实我的和词，率语倒是不少，这不过是詹老师对我的鼓励而已。

一九三五年以前，詹老师用力于词学的研究和创作，作诗不多。从这一年起，诗兴大发，几有一发不可收之势，连篇累牍，写了很多诗。《韩山韩水歌寄邵潭秋》《听歌舞团陈翠宝唱大鼓词率成长句》《游别峰八十六韵》《琴香馆夜听王泽如琵琶、郑祝三筝、吴轩孙胡弦合奏》《郁郁四首》等，都作于此时。且曾印成《鷦鷯巢诗》（版式和后来的《滇南挂瓢集》一样，我原藏有一本，"文革"时被抄去）。潮汕名学者、诗人陈沅老先生读到这些诗后，曾有信给詹老师"忻读韩山歌、游别峰、听鼓词三大作，气韵沈雄，似绛云在霄，瑶泉落汉。别峰八十六韵，矫健盘旋，无一韵松懈，更似幽燕老将，横青牍，策黄渠，骋九折峻阪，观者震骇而驭者整暇，潮汕纪游之作，此篇允推巨制"，可谓推崇备至。海内名流如曹缃蘅则说詹老师的诗“曲而能直”。意思是说他用语委婉，论断至公。詹老师喜爱韩愈，而深得其“妥帖力排奡”（韩愈《荐士》）的神气，而更向往的尤其是梅圣俞。他的《澄江读宛陵集》：“破壁寸燐闲披读，赏心一刻祛忧噫。深远闲淡固莫匹，政以皱折穷覃思。翻空时或吐芬艳，挹之无尽即以离。”这是他读梅诗的体会，而这正是梅诗的妙处所在。与欧阳修《六一诗话》中“圣俞覃思精微，以深远闲淡为意”，又《梅圣俞墓志》之“其初喜为清丽闲肆，久则涵演深远，间亦琢刻以出怪巧。然气完力余，益老以劲”的精神一致。詹老师诗学梅尧臣，恰是取径于此。我初学诗时，因年龄轻，喜欢藻绘逞艳，语言流便，詹老师即责以应戒尖新纤巧，同时石铭吾诗翁亦为我指出要改正“流”的毛病。于是我想学江西诗派给予矫正，詹老师又告诉我：“所作仅得江西派下乘。”于是又改而学李长吉，下了一番功夫。王显诏老师且为我绘制一幅《呼龙耕烟室填词图》（“呼龙耕烟种瑶草”，李贺诗句），饶宗颐、许伟余、陈湛铨几位先生，都在图上题诗，詹老师题的为：“以其志尚缋之图，历有所闻近尤习。彊村归鹤吾最爱，恍侍高贤勤古汲。蔡子从我事倚声，十年每妨短影急。便试呼龙耕烟去，一了冤襟万怪袭。画自奇逸转清萧，粗服乱头坐亦得。人生容易眉鬓白，惟愚者始工刻饰。少弄云水乐无穷，况有清吟伴栖息。”我写的几首诗，虽得到詹老师的首肯，但仍取径较狭，宜取法大家，他鼓励我多读昌黎宛陵二家诗，以端正鹄的。可是我终属“钝根”，一直到老了还学不好。詹老师曾有信给我，希望我能在诗词界夺一席地，可是现在落空了，使我在缅念詹老师时，觉得又感又惭。

一九三八年詹老师应聘为中山大学教授，临别时，他把历年的讲稿三巨册及《词学季刊》汇订本等送给我。讲稿是詹老师用蝇头小楷写的，清劲潇洒。说是讲稿，实是艺术品。我把它当作珍玩看待，可惜也在“文革”中被抄去。我则只能送一部《周词订律》给詹老师作为纪念。从此以后，无论詹老师在石牌、云南澄江、坪石等地，虽是抗战烽火连天，我们还是继续通信。一九四八年秋天，詹老师回家省亲，途经汕头的潮州修志馆，索看许伟余老师《庶筑秋轩》诗稿，和饶宗颐先生一起，边读边评论。詹老师对许老师的诗评价很高，说是学昌黎而能入能出者，成就很高，可惜僻处海陬，不为更多人所知。午饭后还为我们书写了几幅屏条。我幸存的一幅《河传》（詹老师自作词）就是那时写的。谁知这次会晤，竟是最后一次。新中国成立后，詹老师认真探索文艺理论。一九五一年，他来信说他阅读了大大小小的文艺理论书籍二百多种，并鼓励我力求新知。一九五七年我们师弟同时被错划为“右派”，我被送往英德劳动。在这样的岁月中，我们还是通信不断。詹老师还寄给我一本他的著作《李璟李煜词》，并说他每天都在图书馆做卡片工作。我曾对《李璟李煜词》提出十多条补充资料，詹老师回信说，等此书有再版机会，会将我提供的资料补进去。现在听说书已再版了，但詹老师却已作古。一九六二年，我从英德回来，即写信告诉詹老师，他接到我的信那天，恰好是他六旬大寿的日子。他特别为我高兴，说是马上给我复信，还说：“你过去是我的好学生，以后仍然是我的好学生。”詹老师对我是何等关爱啊！这时他已摘去了“右派帽子”，忙于校内外的讲学工作。他仍然关心我，问我有没有作品，可寄给他看。在那个理屈词穷的时刻，我还敢写什么？只能捡出一篇考据旧作寄去。詹老师治学的态度一向是很矜慎的，一字一句不肯放过。因为我的考证中引有徐松的《登科记》，累得詹老师的研究生翻遍了《全唐文》还没有找到。他要我写明出处，以便对勘。那时我的身份是未被人谅解的，肯借书给我的，没有藏我需要的书；藏有书的，他们又不肯借给我。我只好跑到汕头小公园的古旧书店，才看到有整部的《资治通鉴》摆放在陈列的橱窗里，我请求售货员借给我翻翻，好心的售货员毫无难色，打开橱窗，全部拿出来给我。我匆忙地翻到补编部分，记住页码和行数，回来写信答复詹老师。在那个时候，读书是多么困难的事啊！一九六六年，我被遣送回原籍，对詹老师的消息便断绝知闻。他什么时候得病，什么时候逝世，全无所知。到了一九七八年才得到确实的消息，我才致函给柯娥仙师母，向她慰问请罪。据叔夏世兄说，她老人家接到我的信后，淌了不少眼泪，使我更感到十分难过。詹老师二十多年寄给我的信札及手书诗笺、词笺，我都很珍重地把它们保存完好，可惜在“文革”中全部被抄去。至今想起，犹有余痛。

詹老师在中学是名教师，到大学是名教授，遗憾的是享年只有六十五岁，倘他能活到现在，对中国古典文学的研究，一定会做出更大的贡献。关于他在学术方面的成就，他的及门高弟，会做出很详尽的介绍，不是我这个樗栎庸材所能说的。我只能就本身亲受教诲的经过，据实直书，不加雕饰地写出来，使更多人知道詹老师不但是著名的古典文学家、诗词家、书法艺术家，还是一位终生从事教学工作、诲人不倦的教育家，是一个良师的典范。

一九八三年二月于汕头

（作者系潮汕著名学者、诗词家）

冷月无声——缅怀詹安泰先生

张百栋

詹安泰先生是我国著名的古典文学专家。他是我父亲的老师和朋友，小时候在家乡饶平，我便认识了他，称他祝南先生。

一九五六年，我考入华南师范学院中文系。其时，詹先生在中山大学执教。他知道我来广州上大学，高兴地写信叫我到他家里做客。

他住在中大西南区六十四号。一进屋，詹先生和师母柯娥仙便认出我来，说："你是张无辉的公子，长得和你爸爸一个模样。"詹先生穿着白色的唐装，很清瘦，很儒雅，一派学者风度。詹先生知道我是学中文的，便和我聊起古文来。当讲到屈原时，他说："《离骚》写得很好！音韵极美！"我说我还领会不到，他笑着说："你还不到火候。"讲到苏轼，他的兴致更高，从《念奴娇·赤壁怀古》的"羽扇纶巾"一句的解读，一直谈到苏夫子和朝云的爱情故事，他说："苏东坡虽然游错了赤壁，但写出了千古绝唱。"又说："苏东坡会诗作文，不会当官。要是让他当上国家主席，恐怕我们会没饭吃。"当谈到柳永时，他一口气把《雨霖铃》吟了出来，然后说：“‘杨柳岸，晓风残月’是天下第一流的文字。”

詹先生的谈锋很健，话题一转又谈起史学大师陈寅恪学识的博大精深，他告诉我，他也曾听过陈先生的课，并说：“陈先生的课引经据典，一般的年轻人是无法听懂的，连当他的助教也不容易。”我问：“为什么？”他说：“史料不熟悉，不晓得板书嘛！”谈到我的同宗张竞生博士时，他说：“他的《性史》曾遭到国民党的禁止，后来他干脆把《性史》改为《诗史》再版。”说着便哈哈地笑了起来。谈起我的老师、新月派诗人康白情时，他说：“陈唯实院长（华南师院第一任院长，著名哲学家）曾征求过我的意见，说康白情解放后还抽鸦片，广州市公安局找到学校，说大学教授抽鸦片，怎么行呢？陈院长问我说，像康白情这样的人能不能教书？我说，可以。听说，他在教先秦文学，讲到屈原时，列举了屈原的九大罪状。没法子，后让他转教古代汉语，但在讲‘干部’这个词时，他又说，‘干部’原是日本词，是官僚的意思。”詹先生边说边摇头。

詹先生谆谆教导我做学问要认真，不可马虎。他说：“我写的书稿有时也请教教汉语的老师，看看有没有不合文法的句子。”又说：“学古文要扎扎实实，不要自以为是。”并给我举了一个例子说一个大学刚毕业的年轻教师在讲谢灵运，在讲“池塘生春草，园柳变鸣禽”时，说它是“不通的句子”。他不懂得“塘”是堤岸的意思，“池塘”便是池塘的岸边，“池塘生春草”就是说池的边上长满绿油油的草。“园柳”就是园中的柳树。“园柳变鸣禽”就是在柳树上栖息的鸟儿随着季节的变换而出现不同的种类。

这天上午，詹先生的情绪很好，谈得很多很多，工夫茶喝了一杯又一杯，话题一个接着一个，好像他是永不疲倦似的。我侧耳倾听，如坐春风。唯一的感觉是：时间过得太快了。

饭后，詹先生的二公子仲昌领我进书房参观。啊，好多好多的书！谈起这些书，我和詹先生又说了很多话。我说：“一九五一年‘土改’时，我在家乡念中学，一天刘步升校长宣布全校师生到新丰‘学文堂’（詹先生故居的名字）担书。我们全校二三百位师生，步行二十里左右的路，每人一担才把全部的书挑完，这些书几乎把学校的图书馆都填满了。”听后，詹先生好像动了感情，又兴奋起来，说：“后来，杨康华部长问我有什么要求，我便说，我想要回保存在上饶中学图书馆里的书。杨部长满口答应。”

临别时，他送给我一本他的近作《屈原》。

历史是谁也无法预料的。一九五七年，一场席卷全国的反右派斗争开始了。善良的中国知识分子，连做梦也不会梦到，灾难竟会落到自己的头上。就在这风雨如晦的时刻，詹先生依然惦记着我，仲昌弟受先生之托给我送来二十元，帮我渡过难关。我在感激先生厚爱之余，也非常担心先生的命运，因为我亲眼看到一个个权威学者都“岌岌可危”了。于是，在一个星期日，我又到康乐园去探望詹先生和师母柯先生。一入门，气氛和前次完全不一样，两位老人好像完全变了样，没有笑容，只有惶恐。詹先生颤抖着声音说：“外面的大字报你看了吗？”我说：“看了。你不要怕。”他说：“你不要来了，来了会连累你的。”我说：“我是学生，我不怕。”这次，他不敢留我吃饭，也没有心思去谈论文学了，正如徐志摩说的：“无言的相对，一双寂寞的灵魂。”他和夫人一反常态，催我离开。我很不情愿地怀着沉重的心情，怅怅而去。

一九五七年，詹安泰先生、董每戡先生同归“右派分子”行列。茕茕孑立，形影相吊；身心俱损，苦不堪言。董先生其时有一首七律《呈詹安泰先生》记其心境，诗曰：

书生积习总难忘，酒后常疏戒履霜。
长日空怀心耿耿，连宵深悔视茫茫。
浮名已为多言误，大错宁成致命伤？
枕上排愁歌代哭，群蛙声里起彷徨。

一九五八年，“大跃进”开始了。为了“钢铁元帅升帐”，全民大炼钢铁。广州高校师生此时全部出动到芳村修筑铁路，限期二十天。有一天上午，我在工地上，看到中大一群老教授弓着腰挑着担，一手扶着前面，一手托着后面，踉踉跄跄、磕磕碰碰地挪动着沉重的脚步。说真的，看的比干的心里还要难受得多。忽然，我从人群中认出了詹先生，不由自主地流下了辛酸的泪。此时，不知怎地，我再也顾不得什么，跑上前去对他说：“祝南先生，你不会挑，不要挑了。”他说：“他们要我挑，不挑不行呀！”临别时，詹先生用感伤的语调对我说：“今天是中秋节，我很想吃莲蓉月饼。这个时候即使我有很多的月饼，也没人敢和我一起吃了。你给我买几个月饼好吗？”我说：“好！”他从口袋里掏出五元钱给我。我接过钱，好像接受一份沉重的嘱托，眼泪像断了线的珍珠，滴了下来。此时此地，我还能说些什么呢？接着他又问：“你会用针线吗？”我说：“会。”他说：“我住在河涌边的小屋子里，屋子又暗又湿，蚊子又多，白天要劳动，晚上蚊子咬，睡不着。你今天晚上来，给我把帐子口缝起来。咱们一起吃月饼，赏月。”我答应了。

月亮爬起来了。月亮很冷，很冷。吃过晚饭，我到了芳村河涌旁，看见詹先生和容庚、董每戡等一帮中大老教授坐在门口的石凳上。我给詹先生缝了帐子后，便一起赏月。

冷月无声。在人人自危的情况下，我们又可以谈论些什么呢？顶多只能拉拉家常，说些“言不及义”的言语。沉寂的心灵，有如无边无际的荒漠，任那凄清的风从那里吹过。

今天的人们无论如何也难想象当时风云突变的政治气候的严酷了，在我和詹先生一起吃月饼的次日，华南师院人事处令我立即返校谈话。什么要事会落到我这个布衣的头上呢？我预感到事情的不妙，心里忐忑不安。

来到人事处，接见我的是一位女士。她见我劈头就问：“你是张百栋吗？”我答：“是的。”她铁青着脸厉声问道：“最近你干了些什么？”我说：“修铁路。”“什么？修铁路？你严重丧失阶级立场，要好好检讨。检讨得好，我们会考虑，否则……”

天呀！古人云“天有不测之风云，人有旦夕之祸福”，不测的风云降临到我的头上来了，我欲辩无语。就这样，一句“严重丧失阶级立场”的结论便写入了我的毕业鉴定，把我“发配”到了古代中国的流放地——海南岛。

到了海南岛，每逢中秋，向北遥望，我还思念詹先生。想起他在那苦风凄雨中挣扎着的清瘦的身影，想起他在我最无助的岁月里给我的那二十元钱，那二十元钱，当时我足足用了半年。

一九六一年，我在《南方日报》上看到詹先生“摘帽子”的消息，心里很高兴，马上写了一封信向詹先生表示祝贺，并托当时在中大中文系学习的周廷婉女士捎去两个椰子。先生收到后立即给我回了信。这封信我一直保留着，只是到“文化大革命”红卫兵抄家时，不得已才偷偷地将它烧掉。原信的第一句话是：“惠椰收到。”以下便是一些表示要好好改造的无奈言语了。

一九八二年我调回广州执教，詹先生已经作古多时了。我再无法聆听詹先生的教诲。连续好几年的中秋节，我照样给师母送月饼，因为我无法挥去留在我心中的伤感，无法忘怀我心中永远的纪念。在和柯先生的交谈中，她又告诉我一件鲜为人知的事，她说，詹先生去世后，好在家里的藏书救了他们全家的命。那时卖书按斤论价，每斤七分钱，共卖得两千多元。她用这两千多元买米，度过了漫长而凄凉的日子。

唉！书，曾使詹家获得荣耀，令人仰慕；书，也使詹家的后人免受饥寒，委实使人扼腕。这样的事情竟发生在一个中国知识分子的家庭里，发生在一个有崇高声望的书香之家，这，究竟有谁能意料得到呢？

又是一个中秋节来到了。望着星空，我沉思良久，怅然若失：“不知天上宫阙，今夕是何年……”

（作者系广州某中学语文教师，一九九四年获“广东省中学特级教师”称号）

永远怀念的追记

邱世友

祝南先生离开我们二十年了。缅怀师教，万感横集。在这里，请容我略抒数点，以志怀念。

一九四六年的春天，是广州光复后第二年的春天。中大文学院中文系二年级同学人各一个木凳一张书板，聆听祝南先生的诗选及习作课。这时我已经从师院转到这个班了。先生讲授诗学，以高迈之识，运宏博之学，考证、评论，深揭诗歌的底蕴，读者可从《论屈原的阶级出身、政治地位及其在文学上的作用》（见《古典文学论集》）略可知之。继“诗选”之后，先生又开设“词选及习作”“宋词研究”“姜白石词研究”。词为诗余，先生在治诗的基础上治词，词学学术深造自得，于词的源流正变、风格流派，乃至技法韵律，条分缕析，使学生对词的内部规律、词的特性和特点，有较全面较透彻的认识。今所刊行的《宋词散论》《詹安泰词学论稿》《李璟李煜词》《古典文学论集》中有关部分，以及将刊行的《花外集笺注》，可以见到先生的词学修养和业绩，当年的词学教学也得知一二。可惜的是，先生的词学讲稿和著作在“文革”中大部分散佚了。今仅据当日先生讲学的笔记残编并参以现已刊行的著作，概述如下。

一

有清一代，考据之学盛行，乾嘉两朝成绩辉煌。桐城文派又倡为义理、考据、辞章三位一体之说，虽未尽付诸实现，但影响并不小。先生学术发轫于辞章，而辞章合考镜史实、究明诂训、阐发义理四者，先生称为经史子集之学。例如先生谈到词集笺释时说："要明故实、辞藻、音训、义理。前者为史，次者为集，次者为经，最后为子。"这是说经史子集的特点都应为词学所包容。显然，先生之学是在这个学术的历史背景中形成的。词学，单就考据方面说，除历史考证、文学训诂，还有校勘、版本诸方面。但词的考据作为一门学科，直至晚清王鹏运、朱祖谋诸人才确立，而且发展颇为迅猛。先生尤重历史考证，这是为了探明词的历史背景、历史事实，从而阐明词的思想意义和艺术价值，探究作者的词心所系。"词选"一科，讲到南宋词多寄托，宋末词人尤多兴亡之感时，先生为了证明所寄托的具体历史事实，曾作了如《杨髡发陵考辨》（见《古典文学论集》）这样翔实的有艺术价值的考证。这考证是元明以来七百年后对这一历史事件第一次所做的科学结论，给研究和评论这一时期的词人词作提供了重要的依据。文章导言说："自古亡国者受祸之惨烈与亡人国者手段之残酷，殆未有甚于宋元易代之际者也……伯颜陷沙洋，夷戮殆尽，尽攻常州，'役城居民，运土为垒，土至，并人筑之'，甚至'杀民煎膏取油作炮'（俱见《通鉴纲目》），极天地未有之奇冤！"在元人这种屠杀政策之下，杨琏真迦发宋帝后六陵，激起爱国词人家国之感，其思想历史意义就不难理解了。先生讲授碧山《齐天乐》咏蝉阕，既得知人论世寄托之旨，又联系《乐府补题》中咏莼、咏龙涎香、咏白莲等词作。先生说："碧山词寄托最深。此词当托意后妃，于词中'娇鬓''蝉翼'可知。《乐府补题》有数词连咏后妃者，与发掘六陵事有关。"先生对词的本事的考证、历史背景的分析既然是为了阐释词意，说明词人寄托所在，因此，常常纠正如杨湜《古今词话》等记述本事的迂执和偏弊。例如陆淞《瑞鹤仙》"脸霞红印枕"阕，陈鹄《耆旧续闻》称为盼盼作，先生考证事实，认为盼盼"借题发端耳，当非本意"，并甄综张炎、董毅及王闿运诸家之见，确定为讽宋高宗主和而作，指陈时事，即事造景，缠绵悱恻，寄托甚深，告诫我们不可当艳词读。

与历史考证有密切联系的是词的寄托。先生素重词的寄托。周济倡非寄托不入专寄托不出之论，况周颐有即性情即寄托之说。先生于词的评论和创作都本二家之言而加以发展，并兼采浙派的空灵醇雅，认为性情所发，寄托乃真，意境空灵，寄托始深。先生很不满意张惠言言寄托的穿凿附会，对王国维否定张氏之说也不以为然。先生认为张氏之失乃时代之失，盖其时虽考据之学盛行（张氏《词选》成于嘉庆二年），而词学考证之科还未确立。张惠言失于考证，是难免的。这就提出了研究词学应有历史观点的问题。先生认为，有寄托之词可当历史读。这是因为，"作者之性情、品格、学问、身世以及其时之社会情况，有非他史所能明言者，反可于词中得之”。这说法较周济的“诗有史，词亦有史”更为具体深入。这不但见于《论寄托》一章，也见于当年先生讲授词学。但先生释词又往往不斥言寄托，不指实史事，而于浑涵中令学生感到有寄托又无寄托，空灵蕴藉，意旨深微。先生释词如少游《踏莎行》“雾失楼台”二句，曰：“用‘失’用‘迷’，固以造暗淡苍茫之境。然主观情意亦寓其中，政事亦做如是观。”这正是先生考证了当时党争所导致的政治暗淡和少游贬谪郴州的身世遭遇后所做出的分析，又释史邦卿《双双燕》云：“‘还相’两句画工，‘红楼’两句化工。自今日观之，化工较画工高。托意甚深，时主昏庸，权奸误国，以及人民热望，皆可作如是看。”先生不从贺裳之论而从白石、静安之说，但二人未言化工之妙在于寄托。先生既揭示寄托之意，且又有讽于当时国统区的政治，于“自今观之”一语可知。寄托有具体的史实可稽者，先生既引证而论说之，但又作浑涵点示。例如释白石《庆宫春》下片“正凝想、明珰素袜”，只云“有寄托”，“由身世之感联想国家之恨。意指两宫北上事乎”！所谓“明珰瑶瑟，素袜香尘”，因有寄托而无寄托，故先生评云“空灵荡动，一片神行，绝无钩勒痕迹，真是化工之笔”；或云此词为怀念小红而作，柔情绮怀，能为高调，“可知见仁见智在于浑涵耳”。又释梁栋《念奴娇·春梦》后片“骨朽心存，恩深缘浅，忍把罗衣著”，以为“所指可能是贾似道妾张淑芳为尼事。《西湖志》引《宋元遗事》载贾似道妾张淑芬知似道必败，木棉庵之役，自度为尼”。寻绎词中所写情景，权相荒淫，恰如《宋元遗事》所载，因张氏自度为尼而讽贾似道的下场，自是词史，可补正史之阙。释稼轩《菩萨蛮》云“稼轩有志于匡复，而周必大妒其才而止之。词中托言鹧鸪‘行不得也哥哥’”，并且说“家国之感，后主显而稼轩隐，其位各别”。这正是先生言寄托能入能出处。能入，把周必大的妒才，视为该词的历史具体事实；能出，把家国之感以隐然寄于词外。能入，故“精力弥满”；能出，故空灵跌宕。咏物词当以有寄托有感慨为上，若仅以题红刻绿、摹写物状为能事，与方物略、群芳谱何异？浙派末流动辄以《乐府补题》咏蝉咏莼而殊无寄托，唯协律、侔色相尚，犹自以为宗南宋，朱、厉嫡冢。其实正如谭献所评："《乐府补题》别有怀抱，后来巧构形似之言，渐忘古意。"（《箧中词》评厉鹗语）古意者何？如先生所称，宋末词人身经亡国，托物寄意之谓。先生释词既遵常州派比兴寄托，亦本浙派空灵醇雅，上阐玉田的清空，下扬复堂的"别有怀抱"。取精用宏，构建己说。如先生论碧山咏物词的成就，于《寄托论》一章及《花外集笺注》可见。南宋将亡已亡之时，咏物词最多，既非题红刻绿，而有寄托，但先生教人不可胶柱鼓瑟，字字都合乎当时的事实，如鲖阳居士释词，把艺术真实和历史事实混同起来。这虽然是从周济论寄托演衍而来的，若无现代典型论依以阐发，也不可能提出如此明确的论点。先生同时代步伐一起前进，发展了常州派的寄托论，这是显而易见的。

主南宋者以为"词至南宋而深"，先生尝从南宋词寄托的特点理解这一"深"字有深隐之义。先生谓北宋晏同叔《踏莎行》、东坡《水龙吟》咏杨花，固然是有寄托之词，但寄托不怎样思索就能或知其所寄的党争，或知其所寓的不幸遭遇。所以北宋寄托不可谓之深隐。而南宋后期出现了表面上咏物而实际上是影射国家大事的词篇，以无知的物类抒发对国家重大问题的观感，隐含深意。稼轩《摸鱼儿》晚春"斜阳烟柳"固不待言，碧山《天香》赋龙涎香、《眉妩》咏新月，刘辰翁《宝鼎现》《兰陵王》丙子送春，张玉田《疏影》咏荷，以及前所列诸阕，都写得隐轸回曲，若即若离，表面是描写景物，但联系时事的实际情况，深入观察体会，又不难知其托意所在。即使如此，由于词的意象的多层次性，还可以从另一个角度去理解，止庵所谓触类多通，浑化无痕。前面说的白石《庆宫春》，或指两宫北上之事，或为小红而作，见仁见智，理解的角度极为不同。这样做，固然是词人为了避文网，也表明这一时期的词作，艺术向纵深发展，创造出转折层深的意境，体现了"极其工极其变"（朱彝尊《词综发凡》）的时代特点。先生释"深"字无疑是独到的，和典型化理论有关，因为典型化愈强，就愈具普遍性，词的意象就愈多层次，词的隐轸回曲不止在于词的技巧。

二

词如绘画，最重虚实。在词的技法方面，如能成功地运用虚实的辩证关系，无论构思、结构、布局、描写和造境，都可以获得很好的艺术效果。对词的虚实相生、相足、相映，以实写虚，以虚写实，先生体会颇深。稼轩《念奴娇》"野塘花落"阕，"楼空"两句不说旧游都杳，而云飞燕能说，不说自己不见，而云行人曾见。以热闹的景况发"楼空人去"寂寞之感。愈热闹愈寂寞，以动态表静境，运思奇创。过变"帘底纤纤月"三句写往时所爱者的纤步尤为行人所见，疏宕空灵；"旧恨"两句则以持重之笔顿住，而今昔之感寄焉而深，虚实运用极为成功，健笔化为柔厚。先生曰："读此词可悟虚实相生法。"先生释白石《八归》送胡德华阕：前片"送客"二句入题旨，属虚写，用"重寻"、用"水面琵琶谁拨”，便觉情思惝恍，无穷别感。过片“渚寒”三句，写离别实景，与上文“送客”句相呼应，“而虚实相足，并不犯复”。送别既非胡德华一人，故在虚实相足中，亦具抒情的典型性。所以“最可惜、一片江山，总付与啼鴂”，顿觉天地变成暗淡，寄慨无穷。韦庄《谒金门》前片“相忆”四句，空灵，虚境；下片“满院落花春寂寂”，浓艳，实境，前后互相映照，故能引发出结句“断肠芳草碧”的凄黯情调。先生之论如此。倚声填词不可通篇皆实，也不可通篇皆虚，若前后皆实，中间须作虚写，而后气局乃开。白石《扬州慢》前片依小序写实景，沉郁悲凉，后片“二十四桥”三句写凄冷境界，极为精警，与“桥边红药”两句相映发，与“废池乔木”相遥应，都是实景。所以过片写不堪回首，以杜牧事替代。先生云，“此等处最须玩味，盖前后均写实，若不加变化，则气局不宽，运笔涉滞”，“正其空灵排宕处，非力弱也”。论者或以为波心冷月，荡着的是青楼绮梦，其实这是不知虚实照映之法所生的误解，读先生之言必有启发。美成《浪淘沙慢》第二叠，“嗟万事难忘，惟是轻别”和盘托出题旨，拙重之至，为一篇关捩，上联“向露冷风清，无人处、耿耿寒漏咽”二句极精细，从想望中特举最难堪的情事作凄清的渲染；下联“翠尊未竭，凭断云、留取西楼残月”三句又极空灵。复堂所谓：“以无厚入有间也。断字残字不轻下。”（谭献《词辨》）止庵云：“‘翠尊’三句空际盘旋。”（《宋四家词选》）可见“精细、拙重、空灵配合观之，可悟慢词作法”，先生教人如此。实境虚发也是取得空灵动宕之美的技法。美成《西河》第三叠“燕子不知何世，人间相对，如说兴亡斜阳里”，而前著“想依稀王谢邻里”则成虚发了。先生评云：“第三叠纯写怀感，由‘伤心东望淮水’生实境虚发。”这种写法最得吊古神理，词境惝恍迷离，引人无穷之思，《通鉴》谓梁燕巢林，为最乱之世。柳咏《雨霖铃》前片“念去去”三句，以空灵之笔写出实景，苍茫感慨从虚处生发，盖虽虚而本实。过片先生分三层言之：“多情”句以古人衬说，正写远别，前此“执手”两句刻画真切动人，为“念去去”三句蓄势。此为第一层。“更那堪”以时令衬托说，为第二层。“今宵”句，以景物衬托说，为第三层。此三层均从虚处着力，总说所以远别的难堪，于“念去去”两句为渲染。先生所谓虚处着力，即虚境实写，为情造景之意。与虚实同类性质的还有疏密关系。先生论词的疏密关系颇得辩证之趣。自从张炎倡清空重疏宕，则以梦窗词的密丽为质实为晦涩。这种看法影响数百年之久。周济撰《宋四家词选》，认为“梦窗每于空际盘旋”，“若其虚实并到之作，虽清真不过也”（《宋四家词目录选序论》）。麦儒博云：“秾丽极矣，仍自清空。”（《艺蘅馆词选》）陈洵又云：“实处皆空。”（《海绡说词》）诸家评梦窗词，皆指出其密丽秾挚中见疏宕空灵。先生隐括前人之论从而阐发之：“读梦窗词，须于浓密中见疏淡。梦窗意多辞练。”辞练则导致浓密，意多须求疏淡。又释《风入松》“愁草瘗花铭”句云：“五字中三层意，密丽中自见疏宕。”先生论梦窗词这个疏密统一的艺术特点，是值得重视的。

词人用笔，技法无限。虚实相生，已造种种妙境。他如扫处即生，操纵繁会，透过一层，渲染衬托，乃至勾勒，用字，无不因情写景、情景相融，而种种词境亦由此而生。白石《琵琶仙》前片“十里扬州”三句用杜牧事，以包括许多当年情事。止庵云“顺逆相足”，先生则云“扫处即生”，二者相辅见意。这种扫处即生法因空而见实，故“前事空说”，令人无限低回。又《念奴娇》前片着重描写荷花，冷香飞动，情致别出；后片着重写感怀，“似有寄托”。前片写旧时情事，后片写现况，而今昔之感，正在过变处抒写。即“日暮，青盖亭亭，情人不见，争忍凌波去”数句使前后气机互相引动，不致脱节。先生云：“可悟操纵繁会之法。”渲染和衬托是词家常用的技法，而所造意境的浅深、艺术的高低，又系于作者的修养，论词亦然。孙光宪《浣溪沙》，先生释曰：“揽镜”“凝情”两句为引端，“一庭疏雨湿春愁”为渲染。过片“杨柳”“杏花”两句为比衬，最后结出本意。“一庭”句为《花间》健笔，写疏雨连绵，一种纤微的凄清况味撩拨着别后的春愁，用“湿”字轻轻粘着，使春愁具体化，所以渲染作用很强。与冯正中《南乡子》“细雨湿流光”同工。白石《霓裳中序第一》“亭皋正望极，乱落江莲归未得”两句已摄全神，多病无力，流光过隙，缅怀伊人，能不兴叹。“纨扇”“罗衣”“淡月”系渲染，“双燕”系衬说，“许多层折总由‘归未得’三字生出”。所以渲染衬说愈精妙，则其词境愈转折层深。先生论词的技法如此。又白石《惜红衣》“高树晚蝉，说西风消息”，论者以为拟人而赏其设想诞妙，其实拟人只是修辞格耳，故先生云：“两句渲染岑寂时的凄凉情味，用笔幽隽，格韵高绝。”透过一层写法往往使词意层深，矫健有力。于美成《夜飞鹊》前片结句可见：“花骢会意，纵扬鞭亦自行迟。”离别的难堪以“花骢会意”映托。先生云：“透过一层写法。花骢如此，人意可知。”词就送人铺写，曲折周至，情意深厚，纯用赋体，是清真词的特色。这种写法，自是从《离骚》脱化而来：“仆夫悲，余马怀兮，蜷局顾而不行。”又李清照《凤凰台上忆吹箫》过片：“休休，这回去也，千万遍《阳关》，也应难留。”先生释云：“用透过一层法，作尽头语。拙致深重。

凡手至此，觉以下再无可说矣。”以下借实境生发，愈转愈深，显然是从透过一层转折而来，亦虚实相生的转机，无易安笔力妙思终不可得此境界。清真最善于勾勒。止庵曰：“他人一勾勒便刻削。清真愈勾勒愈浑厚。”（《宋四家词目录序论》）清真《满庭芳》：“憔悴江南倦客，不堪听、急管繁弦。歌筵畔，先安簟枕，容我醉时眠。”歌筵畔为勒转，自安于地卑山近之境，“故沉郁顿挫中别饶蕴藉”（陈廷焯《白雨斋词话》）。又《氐州第一》“渐解狂朋欢意少，奈犹被、思牵情绕”，止庵曰：“钩转‘思牵情绕’，力挽六钧。”（《宋四家词选》）只此二例，可见清真善于勾勒。先生论词派，以为白石是骚雅派宗主，继承清真而去其典丽，代以情韵。至于勾勒，犹得清真法乳。如《凄凉犯》“绿杨巷陌”至“衰草寒烟淡薄”，写淮水前线兵后的荒凉景况，西风画角，衰草寒烟，令人不胜凄黯。先生释云：“正说当时情景，纯用勾勒。‘似当时’两句，一加衬说，便觉沉郁有远味。”沉郁有远味，正是止庵所说的浑厚。清真的勾勒如此，白石的勾勒亦复如此。唯风格不同罢了。先生于《霓裳中序第一》起调数句亦云：“白石此词，沉郁顿宕，多用勾勒，极似美成羁旅之作。”

词的结拍是词家向来最重视的。张炎早在《词源》中评少游《八六子》、白石《琵琶仙》说：“全在情景交炼，得言外意。有如‘劝君更尽一杯酒，西出阳关无故人’乃为绝唱。”此即杜工部篇终接混茫之义，也是司空表圣味外之旨。词的结拍也以有余不尽为贵，先生平日释词最重起结和过变，而犹重结拍。如释《浪淘沙慢》“弄夜色、空余满地梨花雪”：“这是清真把别情层层推动，以景结情的结果。梨花如雪，在空际写怨，且以倒装出之，不作平钝之笔。而先以‘恨春去’作动荡，健笔绝伦。故‘弄夜色’以外，以景结情，留无穷之味。”考清真他词，结拍多以景结情，情味无穷。即使以情结的，也回味不尽。《夜飞鹊》结拍“但徘徊班草，欷歔酹酒，极望天西”，深远之情可见。所以先生评云：“双起双结，犹存余味。”白石词，结拍也有余不尽，得味外之旨。《惜红衣》结拍“问甚时同赋，三十六陂秋色”，将人事景物融成一片作结，俊爽绵远，客怀岑寂之意不尽。先生评曰：“自具有余不尽之味。”《翠楼吟》结拍“西山外，晚来还卷，一帘秋霁”，亦以景结情，托意南宋时局，既忧虑国运之近黄昏，又盼望一个“西山晚霁”的清明局面。所以先生云：“‘西山’两句收束，气机流贯，意味深厚。”他如稼轩、碧山乃至飞卿诸家，先生于结拍亦重有余不尽之味。稼轩《贺新郎》“谁共我，醉明月”，先生云：“别出醉明月一境，留深长之味。”盖前“啼鸟”两句，回应起笔，沉痛已极。故一归到自身，便无由分说了，别出此境以结之，章法既完密，离别之感又深长可味。碧山《齐天乐》咏蝉歇拍“谩想熏风，柳丝千万缕”，以熏风时节作结，虽哀而不伤，而回首前尘，无魂可断。其曲折含蓄，言外多“家国之恨”（周济《宋四家词选》）。先生亦云：“结之正所以哀之也。有言外之音。”他如温飞卿《菩萨蛮》歇拍“心事问谁知？月明花满枝”，先生云：“‘月明’句以景结情，味更隽永，系加倍写法。飞卿最喜用之。”

尤须指出的是，先生承复堂论绪，评词以柔厚为归，往往从结拍点出，真乃“仁者，其言蔼如也”。如白石《八归》结拍“归来后，翠尊双饮，下了珠帘，玲珑闲看月”，先生云：“‘想文君’两句，从对方（指胡德华）著笔，清沏可味。末以室家之乐作结，深得柔厚之旨。”结句得柔厚之旨，不仅词品高，而且情味无穷。先生不但评具体的词作重柔厚，评词人作者亦重柔厚。少游词境凄婉，是人所共悉。而先生云“秦观柔厚中含凄婉，婉美派宗主”，“柔厚”则指出了少游词旨的实质。无疑，这是先生论少游词的深到处。

三

词的声律、音韵和词谱，先生最为专门。今刊行的《词学研究》（见《詹安泰词学论稿》），《论声律》《论音韵》《论调谱》三章可见一斑。这些专门之学，非我所可追述。而学者苟得其一端，则大有启迪。先生当年讲授“宋词研究”，为诸生胪列专题甚夥。例如“宋词平入互用考”“宋词入声演变考”“宋词去上分用考”“南宋词《音谱》《拍眼》考”“词调演变与法曲”“诸宫调说唱考”“宋词词名变易考索”等。先生讲授，常就专题的关键处加以点醒，从而启发学生用功研究。如“宋词去上分用考”这一专题，先生提示云：“宋词分去上始自柳永。”易安论词，称耆卿协律，“大得声于当世”。检《乐章集》，去上分用，其目的在于调扬抑于两仄，不唯平仄所当参究。如《雨霖铃》“骤雨”“帐饮”“泪眼”“纵有”“更与”等是。又“此去”为上去，则为抑扬，其作用也几同去上；即“暮霭”的“霭”，也不读与“暮”同去声，而应读入声，“大抵两上两去，在所当避”（《词律发凡》）。其后万红友著《词律》，以去上分用为定则。杜文澜云：“词用去上，取其一扬一抑，得顿挫之音。”（《憩园词话》）厉樊榭又云：“（吴焯）其掐谱寻声，兢兢于去上二字之分，尤不失刌度。”（《词苑萃编》卷八）先生从词的创作实践出发，综合清以来去上之论，提出去上分用的专题研究，无疑是有学术价值的。先生在释两宋词时，也经常联系自己的词作，指出去上分用得声律扬抑之美。如释吴梦窗《莺啼序》，第二叠“十载西湖，傍柳系马”，谓“后者当用去上”，即去上去上格。先生自作《莺啼序》吊李冰若阕，同句亦严遵之：“莫问当年，醉酰露顶。”至如美成《齐天乐》“绿芜凋尽台城路”阕：“静掩”“尚有”“眺远”“醉倒”“照敛”；白石同调咏蟋：“暗雨”“漫与”“更苦”，须用去上之类，虽自清以来，人所共知共守，但并不一定能审其扬抑之美。而先生却于自作词中，于朱、厉词中，得审而赏之。先生论证句律既如上述《莺啼序》，又认为如《疏影》结拍“几时见得”白石“用上平去入”，不可改易，改易则不谐畅。并证之以诸家同调词：吴文英“两堤翠匝”、陈允平“小舟泛得”、黄昇“满庭绛雪”、张炎“此时共折”、邵贞亨“可能再得”。此与《甘州》结拍前句同一消息：柳永“倚阑干处”，吴文英“上琴台去”，张炎“有斜阳处”，可知东坡“不应回首”为不律。又前引《翠楼吟》“新翻胡部曲”，“曲”字应入声，不可易以他声。先生论律如此，其所自作同调“填词图漫题一阕”首，同句“红桑惊换劫”，亦严遵入声。先生既严于韵律，因此纠正《词律》的地方也不少。如《词律》以为《翠楼吟》押去声韵，但白石此词上去声韵同协：“层楼高峙”“叹芳草萋萋千里”两句，先生曰：“‘峙’‘里’分明作上声也。”先生自作《翠楼吟》，不从《词律》，而取上去同协。如下片“月楼沉恨远，几荒乱鸦呼眠起，吴宫燕市，剩冷谷栖香，冰丝调水”，用上声韵与“千花弹泪，对万咽风蝉，长条曾系”等句去声韵相押。《庆宫春》，美成、梦窗皆用此调，字数句法均同于白石，但押平韵，且在过变处用暗韵。先生云：“二调殆有消息可通也。此调（指白石词）必须用入声韵，王碧山、周草窗均依之，不得改用上去声韵。”这是因为，平入声韵可相代，上去声韵不可代平声韵。先生引自作《庆宫春》悼黄任初教授阕，用平韵“伤心重到、半盏寒泉，空荐花轮”“夜台幽夐，料不似红尘泪纷”等可见。亦如白石《满江红》“仙姥来时”阕，押平韵，其理可悟，且有小序为之解释。

以上追记，不无谬误，且谫陋如我，不能体其道之大全，诚有损于先生；所引当日先生讲学的笔记残编，又不能正诸九泉，这一切责任当在笔者。唯期读者读之，有所感念于先生。一九七六年五月，笔者曾把先生讲学的笔记残编再读一过，欲加整理而未遑，唯作一题记。记曰：“詹师祝南先生，归道山且将九年。平生治学，专于宋词，尤以周姜研究为最有得也。其释词精深，会意超妙，往往发前人之所未发，言常人之所难言。故在上庠，每讲学罢，诸生无不流连赞叹。余四五年春，乃忝诸生之列，其后又聆教晨夕。顾自学殖荒驜，既不能师承其学，愧对先生，而感念畴昔，不禁抆泪！今于荩箧检得当日之笔记残编，虽文字脱落，读之犹仿佛先生讲学音容。先生遗著大半散佚，余亦五十而无所闻命。嗟乎！羊县西州之伤，未有甚于今日者哉！”

一九八六年五月

（作者系中山大学教授、古典文学家）

我的姨丈——詹安泰教授

郑良树

当我和石华结婚的时候，才知道我们有一位姨丈，是著名的文学家、书法家和学者。

最早阅读到姨丈的作品，是余祖明编的《近代粤词搜逸》一书。这本一百多页的词选出版于一九七〇年，卷端有苏文擢《序》，也有曾希颖、罗慷烈及饶宗颐的题词，入选词家共八十余人，入选作品三百数十首。其中，余肇湘一家独得二十五首；其次为张树棠，得十七首；姨丈入选十六首，名列第三；其他在十首以上者，得八人，大多数词家只选入一二首而已。该书凡例说："本编旨在阐幽，倘云选政，非所敢承。"虽是作者自谦之词，不过，姨丈的长短句受人喜爱，却是不争的事实了。

原来姨丈自幼就酷爱古典诗词，六岁进小学，十岁学写诗，十三岁就开始填词，是一位早慧的文学家。三十五岁那年，出版了第一本长短句创作集《无庵词》，惊动了岭南的文学界。陈寂在题词里说"无庵琢词过廿载，颠倒二白百不疑。网罗珠玉蔑不有，鞭笞精怪成瑰辞"，赞誉他的词可以媲美于二白。

姨丈于二十四岁广东大学中国文学系毕业后，就回到自己的家乡潮州，并在韩山师范学校执教，培养师资。这段期间，他致力于古典诗词的研究和创作，并且和夏承焘、唐圭璋、龙榆生、陈蒙庵诸先生酬唱论词，成为词学上的知己益友。前两年姨丈的诗词集再版时，夏承焘先生题了一首《浣溪沙》，云：“酬唱当年雨又风，西湖南海记吟踪，几番后约荔枝红。 修阻青山盼一纸，萧骚白发酒千钟，交期剩有梦魂通。”唐圭璋也题了一首同调词，云：“国士南中世尽知，频传彩笔慰相思，依稀话雨夜窗时。 执手钟山迎翠色，摧心四化失文期，黄垆一顾不胜悲。”可知当年他们情谊的真挚，以及彼此之间惺惺相惜之心。

两年后，姨丈又出版了他的古诗创作集《滇南挂瓢集》，这部诗集流传得相当广，有些篇章传诵一时，成为士林争读的一部佳作。而姨丈诗词家的地位，卒由此而奠定矣。

一九八一年，我们到东京大学及早稻田大学做客，和正在东大讲学的表哥伯慧见面。在表哥的寓所里，我们不但读到了姨丈早年出版的一部学术论著《屈原》，也亲睹姨丈尚待出版的诗词创作集手稿。粗略翻阅，发现姨丈除了诗词写得好之外，他的书法也非常飘逸秀丽，是一位书卷味很重的书家。这时候，我们才逐渐了解了姨丈——集文学家、学者及书法家于一身，是我们家族里才华很高的前辈。因为逗留的时间非常短促，无法细读他的诗词原稿，只将《屈原》影印回来，作为治学参考之用。

那一年的冬天，我们又读到了姨丈的第五种作品——《离骚笺疏》。这部十万言的大著，分上下两编，上编是《离骚笺疏》，下编是《离骚通论》，完稿于一九五九年，是姨丈长期研究《离骚》的心得结晶。一九八一年五月由湖北人民出版社出版，印了一万本，一九八四年又重印了九千本。姨丈三十七岁受聘于广州中山大学，授楚辞、古典诗词及元曲等课，《屈原》及《离骚笺疏》都是他在教学之余撰写成的。我自小就喜爱诵读《离骚》和《楚辞》，对屈原尤有一份钟爱之情，所以，特别喜爱姨丈这两本书。

第二年，我们又读到姨丈第六种著作——《宋词散论》。这部十六七万言的学术论著，是姨丈的力作，也是姨丈学术著作中最重要的作品之一。它把姨丈一生研究唐五代及南北宋词学的大部分真知灼见总结在一起，或讨论词学的发展和流派，或分论专家词的特色和风格，或赏析词章的艺术技巧和内涵真义，是研究词学不可或缺的一部重要参考书。这部书一九八〇年十一月由广东人民出版社出版，首版印了一万三千余册；一年以后，又出版第二版，印了将近三万册。前后两版，共印四万三千多册，其广受欢迎的程度，于此可见了。

姨丈一生大半在中山大学度过，他担任过中山大学教授、系主任及古典文学教研室主任等职，前后历时三十年。五十年代初期，他担任主编，和容庚、吴重翰等先生合作编写《中国文学史》；六十年代以后，他更倾全力于古典诗词的研究，作品经常发表在《文学遗产》及其他期刊上，成为当时研究古典文学的重要学者之一。本年，北京《文学遗产》编辑部和中华书局决定编纂出版评介中国现代从事古典文学研究重要学者的专书，遴选全中国现代最具权威及影响力的古典文学研究学者二三十人，为他们编写传略并介绍其学术成就，而姨丈就是这些权威学者中的一位，其成就之大，可以想象了。

一九八二年冬天，姨丈的古诗集《鷦鷯巢诗》及词集《无庵词》影印出版，我们又见到姨丈另外两种书。在东京翻览手稿时，无法细读；现在，我们才有充裕的时间，分享姨丈辛酸苦乐的人生，品味姨丈淳厚多情的处世态度，向往姨丈洒脱安命的人生哲学。虽然我们没见过姨丈，无法亲睹风采，亲闻教诲，不过，姨丈一些重要的性格、思想、学养及成就，这个时候，已经逐渐在我们的脑际里形成起来。摩挲姨丈的诗词集，凝视卷首姨丈的遗像，闭目神思，姨丈仿佛离开我们的生活圈子只是瞬息之间的事情而已，他的言行举止还是那么亲切而熟悉地遗留在我们的脑海里。

姨丈还有两本很重要的学术著作。第一本是《詹安泰词学论稿》，此书分上下两编：上编为词学研究，包括论声韵、论音律、论调谱、论章句、论意格、论修辞、论寄托等；下编为宋词研究，是六十年代应研究生开课而作。这部三十余万字的专著，是一部很有系统的词学论的扛鼎之作。另一部是《古典文学论集》，汇聚了姨丈一生有关文学的其他学术论文。这两部书年初已由广东人民出版社出版，只可惜我们还没收到，无法奉读。

一九八四年十二月

（作者系马来西亚著名文史学者、书画家，台湾大学文学博士，
历任马来西亚大学副教授、香港中文大学教授）

试论詹安泰先生的《词境新诠》

张福清

詹安泰（一九〇二至一九六七），字祝南，号无庵，广东潮州饶平人。广东大学国文系毕业。一九二六年回潮州执教韩山师范十二年。一九三八年，以名士身份担任中山大学中文系教授，历任古典文学教研室主任和系主任。詹安泰是我国二十世纪著名的词学家和文学史家，也是著名的诗人、词人和书法家。在学术界有“南詹北夏”“岭南词宗”之誉，被当代著名词学家施议对先生称为“中国词学文化学的奠基人”。其词学专著有《李璟李煜词》《花外集笺注》《词学研究》《宋词散论》以及经人整理出版的《詹安泰词学论集》《詹安泰文集》等。其诗学批评散见于《〈诗经〉里所表现的人民性和现实主义精神》《〈离骚〉通论》《无庵说诗》《论诗六首》以及《詹安泰文集》未收录的《诗的批评——中国诗论之一》等单篇论文中。学界现今关注较多的是詹安泰词学批评方面的贡献，如《从〈论寄托〉到“专言寄托”——评詹安泰先生〈花外集笺注〉》《詹安泰〈无庵词〉词序初探》《詹安泰对常州派词学的继承与修正》《试论詹安泰的〈无庵说词〉》等。也有个别论文涉及詹安泰的旧体诗词创作和文学史编纂的成绩。但无论是詹安泰先生本人所编纂的《词学研究》《宋词研究》，还是汤擎民先生编纂的《詹安泰词学论稿》，其长子詹伯慧先生编纂的《詹安泰词学论集》，以及中山大学吴承学、彭玉平两先生编纂的《詹安泰文集》，都不曾收录“论境界”的论文。笔者在搜集詹安泰先生的文献资料时，从一九四七年第一期《文教》杂志上获得《词境新诠》一长文。笔者学识谫陋，斗胆怀疑此文就是詹安泰先生“论境界”的原稿。为了引起学界对詹安泰词学批评的进一步关注，试对此《词境新诠》做一些探讨。

一、詹安泰先生《词境新诠》的主要内容及词学价值

詹安泰于一九四七年发表在《文教》杂志上的《词境新诠》有一万七千余字，它主要阐述了“境界之形成”“词的境界”“境界之分析”“论‘隔’与‘不隔’”四个方面的内容。下面分别简要概括评述每个部分。

“境界之形成”部分探讨了“境界”形成的渊源。詹先生认为，“境界”应自王国维《人间词话》始，其有关阐述“境界”的观点与“沧浪、阮亭之说绝不相类”，“物境与心境统于‘境界’中”，其说虽为首出，但对境界如何形成，没有加以申说。著名美学家朱光潜先生根据心理学、美学解释“境界”，以为“系由内在之情趣与外来之意象契合而成”境界，“欲补王氏之不足”。其曰：“无论是欣赏还是创造，都必须见到一种诗的境界。这里‘见’字最紧要。凡所见皆成境界，但不必全是诗的境界。一种境界是否能成为诗的境界，全靠‘见’的作用如何。要产生诗的境界，‘见’必须具备两个重要条件。第一，诗的‘见’必为‘直觉’；第二个条件是所见的意象必恰能表现一种情趣。”詹先生认为其论述“不误”，“足补王氏之所未逮”，但“似亦不甚周到”。因为王、朱二人亦“限于自然之景物”，而忽视了纯粹写情的诗歌。詹先生以纯写悲郁情怀的汉魏古诗和中情触发的陶潜《责子》诗为例，说明它们非“自然之景物”，但同样是好诗。所以认为朱氏之“境界”说“亦似过于胶执”。在此基础上，詹先生提出自己的观点：“境界形成之要素，第一为‘情趣’，第二应为‘表现’。”这一部分从王国维的“境界说”到朱光潜的“境界说”做了详细的论证，指出了他们学说中的合理成分，也批判了其不合理的地方，持论较为公允。应该说此部分是詹先生独立思考的结果，体现了一定的创新性。

在“词的境界”部分，詹先生首先阐述了诗词境界之不同，其观点与南宋李清照《词论》“词别是一家”相似，严守诗词的界限。然后在引述王国维《人间词话》“三境界”说的基础上，詹先生结合自己诗词创作的实践，提出了“词境之完成，亦有三种必经之阶段”：“第一，感受。词人为词，不问其为阅览景物时有所感触，抑枯坐时心波自动，抑受情事映照而有所追忆，总必由‘感受’作起点”；“第二，酿造。酿造者，将既得之感受持续而又加增与此有关之观感以使内蕴更为深广也。语境常较诗境为复杂，又较诗境为婉曲，故其境界构成之质素，不若诗境之简单”；“第三，别择。酿造既富，于是不能不有所别择。别

择之标准，通常以联想所及者与初感受者是否适切以为断”。詹先生较为准确地概述了词境完成的三个阶段、三个过程，这些观点是先生于诗词创作的独特认识。笔者认为，詹先生探讨的“词的境界”，比清代另一词学大家况周颐在其《蕙风词话》中阐述的“词境”更为具体，更容易让人理解。

> 人静帘垂，灯昏香直。窗外芙蓉残叶飒飒作秋声，与虫声相和答。据梧冥坐，湛怀息机，每一念起，辄设理想排遣之。乃至万缘俱寂，吾心忽莹然开朗如满月，肌骨清凉不知斯世何世也。斯时若有无端哀怨枨触于万不得已；即而察之，一切境象全失，唯有小窗虚幌，笔床砚匣，一一在吾目前。此词境也。

况氏论“词境”像说禅一样，是先有静默，“湛怀息机”，然后才有不得已而生发。詹先生在前贤精辟论述的基础上，结合自己创作的心得，另辟蹊径畅谈词境的形成过程，给人以耳目一新之感。

在“境界之分析”部分，詹先生引用分析了王国维“有我之境”“无我之境”和朱光潜“同物之境”“超物之境”的观点，认为王氏“有我”“无我”之分，多有不甚了了之处，朱氏易为“超物”与“同物”也是强为分辨。从二人所举的例子来看，总有“我之感觉”渗透其中，而“超物”之境根本就不可能存在。唯朱氏谓“诗在任何境界中都必须有我，都必须为自我性格情趣和经验的返照”，则所见甚确。詹先生认为：“诗词为诗词家所创制，多少有诗词家生命血液渗透于其间，即为纯客观之描写，亦不能绝无我之质素存在也。抑文艺之所以富有吸引力者均恃其中有我在，不独诗词为然，即音乐图画雕刻书法种种亦莫不然。”在辨析了王、朱二人之观点后，詹先生提出词人措境有两种：“纯真之境”“惝恍之境”。“纯真之境”即“境界以求作者之用心，表里如一，质量相称者也”。詹先生从叙事抒情、情景交融、记游、说理等几个方面列举了韦庄《荷叶杯》、李甲《忆王孙》、俞国宝《风入松》、王辅道《渔家傲》诸作加以论述。又对“惝恍之境”做了解释——“若即若离，似粘似脱，令人挹之不尽，感慨无端者”，认为此境有“暗示”

和“虚摄”两类，论述较为透彻。笔者以为，詹先生“纯真之境”与“惝恍之境”的分类，是当时词学界，甚至于整个清代词学中都没有人这样去尝试的，也是先生长期研究词学独立思考的一己之见。当然，这样的分类是否恰当，还值得商榷。

第四部分“论‘隔’与‘不隔’”。王国维《人间词话》中首先提出“隔”与“不隔”的问题，其曰：“白石写景之作，如‘二十四桥仍在，波心荡，冷月无声’‘数峰清苦，商略黄昏雨’‘高树晚蝉，说西风消息’，虽格韵高绝，然是雾里看花，终隔一层。梅溪、梦窗诸家写景之病，皆在一隔字。”后指出王氏“未曾详说‘隔’与‘不隔’所以不同的理由：

> 细推其意，所谓“不隔”者，殆犹刘熙载“用隐亦亮”之谓，凡显出者均不隔也。所谓“隔”者，殆犹刘氏“掉转过来”之谓，凡非显出者均隔也（刘氏说见《艺概》）。律以余之所论，“不隔”殆指“纯真之境”而言，“隔”殆指“惝恍之境”而言。词之境界，确有此两种分别；然即以之品评词之优劣，则私意未敢苟同。

詹先生认为王氏有“画工”与“化工”之别，正好与其“纯真之境”“惝恍之境”对应。又引朱光潜《诗论》论王氏“隔与不隔的分别，说隔如‘雾里看花’，不隔为‘语语都在目前’，似有可商酌处。诗原有偏重‘显’与偏重‘隐’的两种”。然后就有关“显”与“隐”的问题与西方象征派进行比较论述，认为朱氏以“显”“隐”立论而破王氏“隔”与“不隔”之观点，“于各人作风不同方面，言之极为透辟。顾以写景言情而分别显隐之各有所宜，则仍有说”。谈其优劣，持论平稳，言之有理，且与前文论述形成照应，自然而然地导出自己的结论：“故窃意王氏之隔与不隔，正犹余假定之惝恍之境与纯真之境。所不同者，王氏以之为优劣之标准，而余则以为隔之境有优劣，不隔之境亦有优劣，隔与不隔系境界问题而非优劣问题耳。”应该说此部分是全文的精华所在。

二、《词境新诠》在词学史上的价值与意义

詹安泰先生的《词境新诠》，应该就是后来建构词学思想体系的《词学研究》中的“论境界”。为什么可以这样肯定呢？是因为《词境新诠》中有“境界之形成”“词的境界”“境界之分析”“论‘隔’与‘不隔’”四个方面的内容，这些内容都与词的境界密切相关，所以笔者猜测它就是“论境界”的原稿，只不过詹安泰先生还未来得及加以整理。他在《词学研究》之绪言中说：

> 声韵、音律，剖析綦严，首当细讲。此而不明，则虽穷极繁富，于斯道犹门外也。谱调为体制所系，必知谱调，方得填倚。章句、意格、修辞，俱关作法，稍示途径，庶易命笔。至夫境界、寄托，则精

神命脉所攸寄，必明乎此，而词用乃广，词道乃尊，尤不容稍加忽视。凡此种种，皆为学词所有事。毕此数事，于是乃进而窥古今作者之林，求其源流正变之迹，以广其学，以博其趣，以判其高下而品其得失。复参究古今人之批评、词说，以相发明，以相印证，是者是之，非者非之。其有各是其所是而非其所非者，为之衡量之，纠核之，俾折衷于至当，以成其为一家言。夫如是，则研究词学之能事到矣，尽矣。

此绪言表明詹安泰先生在努力建构一个具有内在逻辑的词学体系，而作为这个体系中“精神命脉所攸寄”的重要章节，詹先生不可能没有做研究，只不过没有最后定稿。今天重见的《词境新诠》有助于补充和完善《词学研究》的体系。

关于词的境界问题，词学史上，在詹安泰先生之前，还没有人这样系统地论述过，况周颐、王国维虽在他们的词学著作中涉及词境，但无系统深入的阐释。詹先生是第一个在前贤研究成果的基础上，系统地挖掘和阐述词境的词人，在词学史上的价值和意义不可忽视。

三、詹安泰本人及文集编选者对《词境新诠》的态度

（一）詹安泰先生本人对《词境新诠》的态度

詹先生生前对《词境新诠》等诸文的态度，我们从《詹安泰先生生平学术简谱》（《詹安泰文集》附录）可知，詹先生在一九五一年一月五日填写过“广东省公私立高等学校教职员概况表”（以下简称“概况表”），他在“学术研究”一栏填有：

1. 解放前，感于词学、诗学尚无比较完善之著作，曾计划写《词学研究》及《中国诗学》两书，词学分十二章，已成《论声韵》《论音律》《论谱调》《论章句》《论意格》《论修辞》《论境界》《论寄托》共八章，约二十万字。《中国诗学》分十章，已成《体制》《韵格》《声律》《意境》《风格》《法度》共六章，约十万字。又笺证白石词及碧山词，均已完稿。

2. 解放后，试用新观点新方法编写文稿。编《中国诗选》，已及两宋，每篇均加分析及批判……

"著作及发明"一栏填有：

1. 已完成之著作：《鹪鹩巢诗集》十卷、《无庵词》六卷、《姜词笺释》《碧山词笺证》《无庵说诗》《无庵说词》《五代两宋诗选》。

2. 未完成之著作：《词学研究》《中国诗学》《两宋名物方言考索》《中国诗选》《中国文艺思潮小史》《创作新论》。

3. 论文：《中国文学上之倚声》（中山学报）、《杨琏真迦发陵考辨》（《新中华》）、《论填词可不必严守声韵》（《文史杂志》）、《谈谈词的隔与不隔》（《文学月刊》）、《曾刚父先生及其蛰庵词存》（《饮河社》）、《论杜诗中的拗律》（《文讯》）、《诗的批评》、《关于词的批评》（均见《论坛》杂志）……

从詹先生亲笔填写的这份"概况表"中可得知，新中国成立前詹先生已完成和未完成的著述情况：《词学研究》已完成八章二十万字，但后来詹先生本人所编纂的《词学研究》《宋词研究》诸书并未收录《论境界》一章，难道已完成的《论境界》一章散佚了吗？非也，笔者估计，发表在一九四七年第一期《文教》杂志上的《词境新诠》就是《论境界》一章的雏形。只是新中国成立后詹先生曾说过，三年不读线装书，要读马克思主义的著作，改造自己的思想。因为《词境新诠》中有些内容的确不适应新的形势和要求了，所以他在填写"论文"这一项的时候，连《词境新诠》的论文名都讳写，而只写了论文第四部分的小标题《谈谈词的隔与不隔》（论文的小标题原作《论"隔"与"不隔"》）。说明詹先生本人已经非常明确《词境新诠》所存在的问题。

另外，说一点题外话，詹先生在"概况表"中填写《中国诗学》已完成六章十万字，但至今整理出版的詹先生的文集或论集中都不曾见过一章。笔者在一九四七年第一期《论坛》杂志上发现詹先生的《诗的批评——中国诗论之一》一文，疑其可能就是《中国诗学》中的一章，其他章节可能未发表，早已散佚。透过这篇弥足珍贵的论文，可以让我们了解詹先生有关诗学批评的真知灼见（另有专文讨论）。

（二）詹安泰文集编选者对《词境新诠》的态度

不论是汤擎民先生整理的《詹安泰词学论稿》，詹先生长子詹伯慧先生编的《詹安泰词学论集》，还是吴承学、彭玉平二位先生所编《詹安泰文集》，都只收录《论声韵》《论音律》《论调谱》《论章句》《论意格》《论修辞》《论寄托》七章，而无《论意境》。《詹安泰文集》前言云，《词学研究》原十二论，只有七论流传下来。这七论主要涉及三个方面的内容：其一是关于词的体制研究，主要涉及声律、音韵和调谱三个方面；其二是关于词的作法研究，主要包括《论章句》《论意格》《论修辞》三章；其三是关于词的精神研究，詹安泰以《论境界》《论寄托》两章集中阐述词的精神意脉与扩大词的作用和尊崇词体的关系。《论境界》一章在一九五一年前即已完成，但目前已散失，无法窥其原论。詹安泰写作《词学研究》最后四章的初衷，是在学词的基础上了解词史的发展脉络和正变之迹，广其学识，博其趣味，锻炼相关的学术判断力，形成自成一家的词学观。但直到一九五一年，尚未写成。

前言说:“《论境界》一章在一九五一年前即已完成，但目前已散失，无法窥其原论。”疑文集编选者确实没有看到《词境新诠》一文，但似乎又与吴承学先生所写“后记”有矛盾之处。

后记云：

> 詹安泰先生著作甚丰，精品亦多。本文集是我们在认真阅读、反复体会的基础上编选而成的，我们在编选中时时感到不易取舍，我们把学术性放在第一位，同时兼顾文献性。如《论声韵》等七篇，一般读者不易找到，而且各篇之间联系颇紧，我们就一并收入。另有一些论文虽然影响较大，但限于篇幅只能割爱。

吴先生的这段“后记”又说明其在编选文集时，确实做过大量的文献搜集工作。在网络高速发展的今天，笔者相信他们可能搜集到詹先生这些散佚的论文，而只是出于各种因素的考虑，放弃入选。其一，由于编选的标准是“把学术性放在第一位，同时兼顾文献性”；其二，估计与詹先生当年填写“概况表”一样，因为《词境新诠》中有一些内容消极颓唐，与新时代的要求不符而放弃。

四、詹安泰先生《词境新诠》没有收入文集探因

客观地说，《词境新诠》所讨论的问题是具有相当的学术价值的。除了当时的政治因素外，应该说与论文本身有些内容是非不分、消极颓唐也相关联。在论述“纯真之境”

时，作者写道："不问其抒情、写景乃至记事、说理，其所表现者即作者之真；纵使因迹近猥亵或意涉谤伤，不敢明言，隐约其辞以出之者，仍不失作者之真；凡此均属纯真之境。"詹先生把"因迹近猥亵或意涉谤伤"之人道出的话也归于"纯真之境"，的确失去了善恶美丑是非之分。很明显，假丑恶的真是不能算作"纯真之境"的。其后在引述中就出现和凝的低级趣味的词作："正是破瓜年纪，含情惯得人饶，桃李精神鹦鹉舌，可堪虚度良宵。却爱蓝罗裙子，羡他长束纤腰。"《何满子》这些词作，在今天看来没有什么，但在新中国成立之初，肯定是要受到批判的内容。

再从学术性来看，《词境新诠》主要讨论"境界之形成""词的境界""境界之分析""论'隔'与'不隔'"四大内容。如第二部分"词的境界"所论创造境界的三个阶段"感受""酿造""别择"，更多的似乎是从诗词写作学角度来谈如何创设境界，而不是从词本身去探讨什么是境界。如第三部分"境界之分析"中将"境界"分为"纯真之境"和"惝恍之境"，也值得商榷。诸如此类的问题也是导致其不能入选文集的重要原因。

五、从《词境新诠》等可窥詹安泰先生新中国成立前后思想的变化

从《词境新诠》中可以了解詹安泰先生消极颓唐的成分和是非不明的倾向。这正是他新中国成立后立志"三年不读线装书"，而要读马克思主义书籍，改造自己思想的真正原因。在一九四八年第一期《子曰丛刊》上，詹先生曾发表过一篇《论词心》的论文，但在一九五一年所填写的"概况表"中根本就没有提及。我们来看一看它的小标题就可知为什么不填写了："婉约的与豪放的""软性的美，女性的美""苦闷的，伤感的""恋爱的，追慕的""艺术的创造，不是实际的人生"。其消极思想比《词境新诠》更为严重。我们再看詹先生新中国成立后所写的论文《宋词发展的社会意义》，他对两万多首宋词的内容概括为：个人的享乐生活和都市的繁荣面貌；政治境遇的风波和羁旅行役的劳顿；异族侵凌的悲愤和杀敌救国的雄心；身世乱离的感伤和家国沦亡的怆恸；痛恨腐朽集团和同情苦难人民。

从中我们读不出一点消极的东西了。詹先生自己也说过，他在新中国成立后的几年时间，读了两百多种有关马克思主义和新文艺思想的论著，他原先思想中的消极成分已彻底地洗清了。那么，与新中国成立前发表的这些文献对比，正好表明詹先生思想上的巨大变化。从这层意义上，我们不应该让詹先生的诸如《词境新诠》之类的论文湮灭无闻。

（作者系广东韩山师范学院中国语言文学教授，云南大学文学院硕士研究生导师）

不能磨灭的思念

詹公溥

一

在我少年时期，虽还未认识詹安泰教授，却晓得新丰有一位祝南先生，后来始知祝南是詹安泰的别字。他先是潮州韩山师范学校的教师，后为国立中山大学的教授。也许由于农村的穷而且落后的原因，在我童稚的心灵里，对饶平县有一位文人学者我总引以为荣的。尽管那时我还未见过詹安泰教授，但从我的父亲和乡间一些长老的谈吐中，祝南先生的智慧、祝南先生的风采就深深地活在我的心窝了。

二

好不容易度过了抗战的八年。一九四五年秋，我第一次到了劫后的广州，才真正与詹安泰教授见面。特别是一九四六年秋进入石牌中山大学念书之后。他经常穿着长衫，一派的学者风度，十分平易近人。虽然身体有些瘦弱，但两眼却炯炯有神。那时，我和丘允平在法学院，刘步升在师范学院。由于同乡关系，我们常聚在一起。每当夕阳西下，我们沿着晚霞映红了的海滨路漫步到了詹安泰教授的住家，有时遇见他与钟敬文教授在聚谈，有时遇见他一个人在书房里伏案。因为我们与詹教授既是同乡又是师生关系，一到他那里就觉得特别亲热，在那里也特别洋溢着书香的清新气息。虽然我们所修的专业不是文学，但总愿意到他那里去。每到他那里一次，总使我得到了一次新的启迪。尽管在那风雨如晦的年代，石牌毕竟没有沉睡，还在呼啸，还在跳跃。詹安泰教授同样没有平静，他在谈吐中经常鞭挞那个可诅咒的社会，也鞭挞那些蝇营狗苟的小丑。从他的身上，我体会到一个知识分子铁骨铮铮的性格。我认为，这个性格是时代前进的希望，是可贵的。

詹安泰教授是专攻宋词的，以他造诣的精深，讲授大学这门课程是绰绰有余的。但他没有满足，也没有止步。他常说，他的工作不在白天的授课，而在每天深夜以后的工作。石牌教授住宅区的窗口，在深夜往往亮着灯光，也正是他读书、著述的时候。从这里，我看到他作为一个教授的工作的严谨性。在学问的海洋上，只要有所领悟，有所创新，哪怕身体消瘦了，头发斑白了，他还是要“路漫漫其修远兮，吾将上下而求索”，这就是知识分子生活的苦与甜，也是知识分子为人类文化事业而奋斗的求索精神。只有这种精神，才能写出人类进步的新篇章。

三

一九四九年七月二十三日凌晨，国民党反动派的魔掌伸进石牌，我也像一批教授和学生那样被逮捕了。对此“风雨如磐暗故园”的情景，他只有愤怒，只有憎恨，他起而奔走营救被捕的教授与学生。当时，我在国民党反动派的监狱里，尽管笼罩着恐怖的烟雾，但有着教授和学生们的呼吁震荡着珠江两岸，我的心头涌起了力量，涌起了希望。此事，我是铭记着他的。

解放战争的形势比意想的发展还要迅猛，不久，广州解放了，我也由大鹏半岛回到了广州，在这座人民城市的公安战线上工作，每天工作到深夜，更没有什么星期天。虽然我重回了广州，但一直没有机会拜访詹安泰教授。大概在一九五四年某一天的下午，詹安泰教授突然来到我在太平南路的办公室，我非常高兴。他是为了参加一位同事在陆羽居的婚宴，因宴会未开始，趁点时间来看我的。他穿了一套深蓝色的绒料子的中山装，头上戴着一顶“同志帽”，红润的脸颊，泛起一位长者特有的慈祥的笑意。虽然时间不长，谈话不很多，但从他的身上，我看到了从旧社会走过来的知识分子在共产党领导下焕发出革命的青春，为社会主义文化教育事业贡献力量的情怀。从此以后，我再也没有见过詹安泰教授了。但我还是很系念着他的。每当在杂志上看到他写的文章，我都要抽空来读的。记得有一期《人民文学》上发表了一篇他与郭老讨论屈原的文章，他提出了这么一个观点：屈原虽然出身贵族，由于他遭受的境遇不同，终于使他体察人民而写出了划时代的具有人民性的文章。我想，说的是战国时代的屈原，而现代的革命的知识分子又何尝没有这个特点呢？

四

一九五七年的春天，该是春意盎然的季节，人欢马跃！由于某些原因，在中国大地突然来了反右派斗争。这场斗争，对知识分子来说，确是一场灾难。詹安泰教授当时是广东省政协委员，他基于知识分子特有的触觉，针对现实的情况，提出一些现实的问题，从一个政协委员的要求来说，正是具有高度政治责任感的表现，然而竟成了反党、反人民、反社会主义的罪状，这是多大的颠倒啊！我看了这个消息之后，我困惑，我迷惘，我的心头滚起了怒潮。因为，我所认识的詹安泰教授，他致力于诗词的研究，在他小小书房里，他不知道苦熬了多少严寒与酷暑，也不知道在他慈祥的脸上刻下了多少皱纹。他为什么呢？还不是为了祖国的文化进行着艰巨的开发工作吗？解放后的新中国，赋予了他的生命力，开拓了他的事业的视野，对唐宋词的作家作品，“力图运用马列主义的文艺观点，加以分析批判”，这是多么艰巨而可贵的劳动！从他生命的历程上，他的脉搏与共产党的脉搏是跳着同一的节奏的。从中国知识分子的历史与现状来看，他起码是个伟大的爱国主义者，怎能反党、反人民、反社会主义呢？他与党、与人民、与社会主义不存在根本的矛盾。这难道不是一出时代的悲剧吗？

到了一九五八年春天，我也终于与詹安泰教授走上同样的命运，被划为“右派分子”，被送往农场劳动改造。那时，我才三十来岁，对此“劳其筋骨，苦其心志”的思想改造，我是顶得住的。但对一个文质彬彬的詹安泰教授是否也像我一样每天要受十多小时的苦役呢？我确实有点担忧。因此，我就打听起大学里“右派分子”的改造问题，听说没有到农场去，始放下了我像铅块一样沉重的心情。

五

一个史无前例的灾难的日子到来了。在那“打翻在地，又踩上一只脚，永世不得翻身”

的时刻，我固然无从知道自己的日子，同时也无从知道詹安泰教授的情况。但是，我的心是系念着他的，也许由于“物以类聚，人以群分”的缘故。其实也不尽然，我还是基于对一个有着凛然正气的学者的尊敬。虽然在那时，人的尊严已被践踏殆尽。

一九七九年，我的“右派问题”得到改正，从农村调回广州，有一天我在书店里翻翻书，看到了詹安泰教授写的一本书，叫作《宋词散论》，其实，我是不懂宋词此道的，但出于我深深地认识这个学者，而且知道这个学者的遭遇，于是，我更喜爱这本书了。当翻到这本书的出版说明，得知詹安泰教授已于一九六七年病逝。当我要看这本书的时候，我是深信他是还活着的，但看了这本书之后，我始知他已不在人间了。于是，我即刻买了这本书，以志我对我所崇敬的学者的悼念。我的思绪久久不能平静。因为，我所知，在那“知识越多越反动”的岁月，一个被戴上“右派帽子”的詹教授的死，还有什么“生荣”与“死哀”呢？他的死究竟是什么情景呢？难道历史真的这么不公正吗？不，历史应该公正地恢复詹安泰教授的形象。

六

詹安泰教授是被癌症吞噬了他的生命的，已经十八周年了。如果詹安泰教授能活到现在“尊重知识，尊重人才”的时代，即使有了癌症，他也不会如此快速离开人间的。因此，我想起我们的党在经过如此曲折的道路，终于提出“尊重知识，尊重人才”的口号，而且有着落实的措施，这是多么合乎党心、民心和知识分子的心啊！然而，所付出的代价毕竟是太大了，教训是非常深刻的。历史雄辩地证实：庸夫加愚蠢是不能推动时代前进的。只有全社会都来尊重知识，尊重人才，才能建设一个繁花似锦的社会主义中国。在今天，我们纪念为祖国文学事业奋斗一生的学者——詹安泰教授的时候，我们应有这样的思考与行动。

一九八五年七月一日于广州

（作者系广州市著名律师）

詹安泰与广东爨体书风

李　楠

在广东近现代已故的书法家中，詹安泰可以算是其中的佼佼者。他将自己的学识、修养、审美和性情融入书法中去，取意高古又有强烈的时代感和地方特色。本文从广东相关文献调查入手，从广东爨体的传承与发展的角度，较全面地分析詹安泰书法的史学价值、书法特点、书风渊源和影响。

一、从潮汕六脉传爨看詹安泰的书法渊源

近代潮汕碑学风气重，如周之柏、饶锷、黄仲琴、王显诏、杨栻、黄际遇、佃介眉等均涉碑，书家往往广涉碑版，以至于很难看出是出于某碑，本部分所列叙的依据是诸种文献中有明确习爨记载的书家。那些从作品中能够分析出来有爨体意味，但是无文献记载的书家，出于客观，本文不叙。本文考潮汕习爨有成就者凡十余人，这十余人为六种不同的传承路线，本文称为潮汕六脉传爨。梳理六脉传爨的资料，可以比较清晰地看出詹安泰的书法渊源。

（一）曾习经—林清扬—佘惠文、许秋岚—许习文

曾习经生于同治六年（一八六七），卒于民国十五年（一九二六），享年六十岁，揭

阳棉湖人，字刚甫。晚号蛰庵、湖民。二十三岁中举人，二十四岁中进士，初任户部主事，官至度支部右丞，兼任法律馆协修、大清银行监督、税务处提调、印刷局总办等职，最后在清帝逊位前一日辞官。

曾习经的书法，深受其时倡碑的影响，博取众家之长。清朝自乾嘉以来，碑学理论深入人心，至清末，碑派书法一统天下，学南北朝碑版、墓志成一时之时尚。曾习经书法以北齐《泰山石经》、隋《龙藏碑》、北魏《张黑女碑》等为宗，又掺以六朝碑版、墓志，以至二爨、汉隶，故其书风稳重、厚朴，其小楷则劲健，古意盎然。

曾习经习爨之作，有现藏澄海博物馆的临《爨龙颜碑》条屏，虽为“意临”，却神完气足，结体方正，隶楷相兼，章法疏朗，淳朴安雅。

从文献资料上看，曾习经为岭东书家习爨之最先者。在碑版拓本的传播方式相对落后，书法传承仍需师徒相授的时代，他的实践对整个岭东的习爨书风起了极大的号召和带动作用。

林清扬，揭阳人，家学渊源。北京中国大学毕业，在京师时，列曾习经门墙，书法受曾习经影响，致力于《张黑女碑》，晚年醉心《爨宝子碑》，自成风格。其书法力追沉厚超逸高境。

许习文，一九七〇年生于广东揭阳，出身书香门第，幼承家学，五岁习书，十六岁入岭海诗社，随诸宿老游，师从佘惠文，时人以“神童”目之。二〇〇三年许习文个人书法展览“毕竟是书生——许习文书法展”在汕头市由市文联、市书协联合主办，其著作《五世诗绳》被潮学泰斗蔡起贤誉为“潮汕诗集体例之权舆”。

潮州市韩山师范学院新闻系的网站报道许习文二〇一四年在韩师开讲座的情况时称：许先生从碑刻、岭南碑学、科举制度、书法发展、摆脱馆阁体笼罩等方面入手，阐述这几个因素对于近代潮汕书风的影响，强调曾习经在岭南碑学中的重要地位。在曾习经影响下，潮汕书法摆脱了馆阁派，出现了一些碑派代表书法家。许先生从作品入手，分析了范家驹、陈景仁、佃介眉等人的书法风格，他还对詹安泰和秦咢生的爨体书法作品进行了比较。许习文收藏甚丰，其书风平和端庄，书卷气浓。

许秋岚、佘惠文师从林清扬，许习文师从佘惠文，按许习文之习爨与林清扬、曾习经渊源颇深，可以推知许秋岚、佘惠文与二爨也有渊源。曾习经及其所传书家为潮汕传爨年代最为久远的一脉，但延至当代，其书风以平正为主，于习爨不见其长。

（二）范家驹

范家驹（一八八一至一九四三），别名芝生，晚年自署蹶翁，潮阳和平人。清光绪二十七年（一九〇一）入庠，光绪二十八年（一九〇二）中举人，光绪三十年（一九〇四）登进士，曾任法部郎中，后绝意仕途，以病辞官回乡。光绪三十三年（一九〇七）与郑邦任等办六都高等小学堂。

一九一〇年随父往上海经商。在上海期间，与黄遵宪、李瑞清、刘大同、朱汝珍等知名人士往来密切。晚年蛰居故里，潜心著述，惜手稿佚失。

范家驹一生临池不辍，师法汉隶、魏碑，尤其喜欢两爨。擅楷书、行书，造诣宏深。笔墨圆厚潇洒，外松内紧，挺劲秀丽，雄浑壮伟，古拙沉实，庄严肃穆，熔隶楷于一炉。潮阳现保存其笔迹多处，和平镇桥尾大峰祖师墓的古碑亭内有其石刻题书："万事从宽，其福自厚。仁慈者寿，凶暴者亡。"和平范氏祠堂有其楷书石刻，所书为王维《过福禅师兰若》："岩壑转微径，云林隐法堂。羽人飞奏乐，天女跪焚香。竹外峰偏曙，藤阴水更凉。欲知禅坐久，行路长春芳。"这些横幅楷书，似隶非隶，近楷非楷，纯粹魏碑书风，圆厚华润，平正冲和，安静深穆，风度端凝。范家驹所书扇面较多，书法风格大致相同。癸酉（一九三三）四月，天羽仁长将北行，范家驹用扇面书《仁王护国经》赠之，仍属魏书风格，笔画多有隶意，圆润古拙，骨秀而不瘦，肌丰而不肥，令人喜爱。潮阳郭东生收藏其楷书对联："菱叶参差萍叶重；桃花历乱李花香。"这副对联的书法，笔法方圆兼用，行笔迟重，形象稚拙，宽纵沉稳，洞达疏朗，精美秀整。蔡垂政收藏其楷书宋释惟政五言古诗条幅："山中何所有，岭上多白云。只可自怡悦，不堪持赠君。"与其楷书对联字法风格相类似，化篆书、八分入楷，露锋出笔，能铺能提，间隔特别宽敞，显得萧疏淡雅，灵动清媚，神采秀逸，落笔竣而结体庄和，行墨涩而取势排宕。范家驹之传人不可考，此脉或已式微。

（三）詹安泰—蔡起贤—蔡梦香—饶宗颐

本脉为爨体书法渊源最深的一脉，通过对这一脉的梳理，我们可以看出詹安泰在潮汕爨体书法中独树一帜的位置，也可以看出其泽脉绵长的特点。

詹安泰（一九〇二至一九六七），字祝南，号无庵，又曾署无想庵，饶平县新丰镇人。十岁学写诗，十三岁学填词。一九二一年至一九二六年就读于广东高等师范、广东大学中国文学系，毕业后于韩山师范任教十二年，兼任金山中学教员。一九三八年以后，任中山大学教授、中文系主任、古典文学研究室主任。

詹安泰在执教之余，热衷于书法篆刻研究，对汉隶、魏碑用功尤勤。他的书法别具风格，以碑法入行草，能写好几种不同书体，无论是碑体，还是行书，皆炉火纯青。胡镇福收藏的詹安泰楷书册页，从《爨宝子碑》变化，夹带李瑞清笔意。陈其铨先生曾谓："詹师擅六朝及晋碑，以二爨笔意入行草，古雅遒逸。"其一九五〇年二月为志浩弟所写的行楷书，从《爨宝子碑》出，用笔方圆结合，更多的笔画含有隶意，特别是转折和捺笔，燕尾的形象突出，自然古朴，独具风韵。

陈永正《广东书法述略》云："詹安泰、郭笃士均以碑法入行草，詹氏典雅，郭氏雄肆，同源而异途。"

詹安泰于帖学之外，对于碑体、章草、篆隶都有广泛的涉猎。对二爨、《西狭颂》、《华山庙碑》用功甚多。

詹安泰的课徒，有张无晖、刘步升等，限于资料，不能考叙这两位的二爨渊源。

著名学者、书法家蔡起贤（一九一七至二〇〇四）自幼对书法有浓厚的兴趣，其书法初从唐楷入手，继学二王。后来得到詹安泰的经常性指导，受其影响，专攻二爨，以汉隶魏碑笔意入行草书，方圆结合，笔力雄健。

蔡梦香（一八九九至一九七二）是潮汕著名书画家，他影响了饶宗颐的书画艺术。蔡氏初学汉魏，后以魏碑笔法入行草，点画苍劲有神。蔡梦香为詹安泰韩师时代的交游，书法作品有二爨的影子，点画有神，不求形似，只求神似，意境高远。

饶宗颐在《自书学书经过》说道："余髫龄习书，从大字麻姑仙坛入手，父执蔡梦香先生，命参学魏碑。于张猛龙爨龙颜写数十遍，故略窥北碑途径，欧阳询更尤所酷嗜。复学钟王。"后来，詹安泰与饶宗颐二人交往过从，情谊深厚。詹安泰曾力荐饶宗颐到韩山师范学院授课，据詹安泰之子詹伯慧先生述，饶宗颐是詹家的常客。所以陈永正先生在谈到詹、饶二人书法时言："特别是以爨宝子方折之笔意入行书中，与詹无庵同出一源，而各具胜处。"

在习爨理论上，饶宗颐主张书法的学习要"二王"与"二爨"相资为用，《爨龙颜碑》与《爨宝子碑》用笔沉厚"不激"，别有一种古拙意态。

饶宗颐书风既奇且古，这与他习爨的背景有很大的关系。他既能够吸取二爨的神气，胎息古人而又不为古人所限，气象平和却显奇崛，在新奇中见古朴，根植于文字，杂糅诸体，蕴含着丰富的学养、文气，透露着独特的性情，形成独特的面目。

此脉为潮汕传爨最盛的一脉，也是成就最高、最具特色的一脉。而此脉中则以詹安泰、饶宗颐成就为最高。本文先在本部分梳理师承脉络，再于下文阐述此脉中詹安泰于潮汕传爨过程中的至高地位和重要价值。

（四）王鼎新—陈世婴

王鼎新（一八九四至一九六八），又名王心民、王慎民，汕头澄海人。

早年曾东渡日本留学，与郭沫若、杜国庠等为知交。王鼎新一生在碑学上孜孜以求，他的楷书主要学《张黑女墓志》，并掺以《爨龙颜碑》笔意，结构严谨而又富于变化，笔画密者集结，疏者舒放，极有情致。用笔自然恬淡，现锋颖而厚重端庄，点画峻利，柔逸而有骨力，秀雅而无媚态，表现出一种恬静之美。他的行书碑帖结合，劲挺清逸，优雅秀润，自成一格，有“鼎新体”的美誉。潮汕自古以来只有两位书家有书体的美誉，一位是清代的林一铭，他的字人称“一铭体”，另一位就是王鼎新。

陈世婴（一九一七至二〇〇三），字静山，别号小山，斋号憨猿云洞，汕头澄海人。陈世婴长期浸淫于六朝碑版，对《好大王碑》《爨宝子碑》《张迁碑》尤为潜心研究。他作书时往往心里放松，无意雕饰，有感而发，直抒胸臆。作品苍拙古朴，融合碑帖，熔铸古今，大气磅礴，自成一家，表现出传统经典之精华和强烈时代精神的有机结合。

虽然王鼎新与陈世婴或无师承关系，但由于这两位书家都是澄海人，所以放在一起说。王鼎新和陈世婴所处年代都跨当代，其习爨的渊源从碑版字帖中来。这一脉称雄澄海一地，也颇具特色。

（五）秦咢生—郑衡

秦咢生（一九〇〇至一九九〇），别号古循，斋名莲花室，广东惠州人。擅长书法，甲骨文、金文、篆、楷、行、草诸体兼备，尤精《爨宝子碑》。秦咢生不是潮汕人，但他在潮阳留下了多处石刻，尤其是对联“国士无双双国士　忠臣不二二忠臣”以《爨宝子碑》笔法作，是岭东实临二爨书体最为典型的作品之一，所以在本文略叙。

揭阳仙桥郑衡，晚年为广东省文史馆馆员，列秦咢生门墙，擅爨宝子，然稍嫌板滞。此脉总体风格以忠于原碑、实临为主。

（六）赖少其

赖少其（一九一五至二〇〇〇），揭阳普宁人，号木石斋。他长期兼任省美协、省书协主席，并为历届中国文联委员、中国美协和书协常务理事、中国作家协会会员、西泠印社社员。赖少其少年时就读于广州美专。唐云对赖少其的评价是：“少其先生的字，远承爨宝子、爨龙颜，近法扬州八家里的金冬心，方笔有峭拔苍稳的感觉，连在一起，则有浓厚的简札和石刻的味道，金石韵味十足。”刘天琪在《我标妙境写苦心——记近代美术史中的赖少其》一文中评价道：“赖少其的书法……楷隶源于二爨，又力学清人金农与尹秉绶，其‘金冬心体’书端庄沉郁，浑厚凝重，古朴厚拙，风神凛凛，一扫萎靡。”赖少其书法对潮汕书坛乃至中国当代书法较有影响，但他所追求爨体发展的方向是金石味，书法风格显端庄。这与潮汕习爨的主要风格有所不同。

经过上文的梳理可以看到，潮汕传爨六脉的当前状况有三种：一是已经式微，无传人或传人水平不高、影响力不强；二是拘于原碑字体，止步实临，或再融以相近书风的碑版，没有进一步突破；三是打破碑帖之间的书体界限，融碑入帖，书风蔚然。三者相较，詹安泰是一个里程碑，他代表着百年潮汕传爨历史的高度。

二、从《爨宝子碑》在广东的传播史看詹安泰书风的史学价值

以叶炼勇的观点，当今书坛，最热衷《爨宝子碑》书风，习爨人数最多，名家的历史和社会影响最大的，不是在出土地云南，也不是在以碑派书风著称的北方，而是在广东。赖少其、秦咢生、秦大治、秦大我、秦大用、周树坚、李卓祺等人俱是爨体名家。

赖少其、秦咢生的爨体书风，上文已有介绍，这里不赘叙。秦大治、秦大我、秦大用为秦咢生之子，三人皆视爨体为家学，一生习爨不懈，又广收门徒，使广东写爨队伍越来越大。二〇一一年，秦咢生后人在东莞举办了一次爨宝子书风专题展，比较全面地反映了秦咢生在爨宝子书风创作上的艺术成就。

周树坚是秦咢生门下弟子当中用功最勤、成就最大、最得《爨宝子碑》神髓的一位。其爨体书法与秦咢生的爨体略带丰腴、骨肉丰润的精神气息稍有差别。

李卓祺是广州人，曾任广州艺术博物院院长，现为广东民间工艺博物馆（陈家祠）馆长。他的爨体，在结构上，把不对称柔化，将头重脚轻匡扶为平正，保留传统的端重古朴、拙中有巧的特色，但又显出灵巧飞动之势。

当代广东书家在评论爨体书者时，喜欢将秦咢生和詹安泰并提，大抵二人都是诗书兼胜。秦咢生诗词力追唐宋，而詹安泰则是岭南词学大家，两人都为推动爨宝子书风的传播立下了汗马功劳。

詹安泰在广东传爨史中，以其高超的书写功底，过人的审美追求，大胆创新的胆识而将爨体加以发挥，这一高度，即便是时至今日的二爨书坛，也令人仰止。詹安泰爨体的史学价值在于：以前广东诸人写爨，多为书家，鲜见有学者写爨，所以其爨体书风厚重。詹安泰则一改前人书风，赋予爨体以文气，所以爨体可以入詹安泰之卷轴，且显得极有书卷气。观詹安泰书法，便如读他的词作，收敛了爨宝子中的若干狂放不羁的气息，

取代以文人笔墨的典雅秀逸。

再者，詹安泰一改前人实临爨宝子的写法，也改变了爨宝子的书写节奏，变得轻盈秀丽。这种尝试，即便是到当今，也是鲜见的。从二〇一六年首届爨体书法大赛的获奖作品看，只有少数作品能够改变《爨宝子碑》内在的书写节奏，做到自由书写。从这一点看，詹安泰是敢为天下先的。

三、从广东崇爨书风的特点析詹安泰书法风格特点

（一）詹安泰为潮汕爨体书风之典型，在广东爨体书风中独树一帜

如本文第一部分所叙，潮汕习爨的书家，有资料明确记载的，凡曾习经、林清扬、范家驹、詹安泰、蔡起贤、蔡梦香、饶宗颐、王鼎新、陈世婴、郑衡、赖少其等人。再加上虽然没有资料明确记载，但是列此诸书家门墙及书风近康有为者，如佘惠文、许秋岚、张无晖、刘步升、林修雍等，则颇成气候。这些书家大部分有专门的师承，多是以学风带动书风，他们或师或友，志趣相投，形成了群体力量，互相影响着审美趣味，故能深味二爨之妙。例如詹安泰、饶宗颐二家，就是在长期的学术交流探讨中，进一步促进二爨书风特点凸显的。

潮汕习爨书家，分布岭东三市：揭阳有曾习经、林清扬；潮州有詹安泰、饶宗颐等；汕头有范家驹、王鼎新、陈世婴等。自十九世纪中后期岭东二爨书风于曾习经滥觞，二十世纪范家驹、詹安泰、赖少其等大放异彩，至今仍有饶宗颐高擎大纛。二爨碑风烈烈，广泽岭东，延绵百余年，长盛不衰。从对这些书家习爨水平的评论上看，陈永正对詹安泰的评价甚高。

从广东爨体书风看，秦咢生、赖少其均重二爨之气势，擅长将爨字放大，笔画变粗，更华腴，或者突出爨宝子的欹侧宕荡，更适合榜书题匾。这样的写爨风格宜抒性情，写得洒脱。从二十世纪后期开始，广东街头巷尾出现大量的爨体招牌、题字。这成为当代广东爨体的主要风格特点。而詹安泰则将爨字写小，将笔画变瘦，书写速度变快，将爨字写进书卷中，给人耳目一新的感觉。这样写爨理性的味道浓些，笔墨中处处渗透着法度，书体

嬗变的轨迹清晰可循。这和广东的二爨书风有所不同，但却独树一帜。

（二）学人书风，成就突出

无论是《爨宝子碑》的灵动多变、野性十足，还是《爨龙颜碑》的雄强茂美、古朴生动，二爨碑的书法形态蕴含着深刻的文化和审美的内涵，其中既有对高古文明的传承，又有强烈的创新意味。这种内涵能够在知识修养丰富的学人中产生巨大的共鸣，这就是岭东习爨者多为学人的原因。

近代的潮汕地区，经历着经济、政治、文化等各方面的巨大冲突，这种冲突迫使岭东广大学人具备强烈的创新精神。潮汕现代学人书风的产生和发展，正是这种融合和求新精神的体现。它包含四个方面的内容：一是传统精神，以传统，以帖为根基；二是时代精神，与清末文人学者一样，潮汕学人也为倡碑推波助澜，在取法内容上跟上时代前进的步伐；三是兼容精神，不尊碑抑帖，而是碑帖结合，即“折衷碑帖，融合古今”；四是创新精神，大力发展“以碑法入行草”。这四种精神构成潮汕学人书风相当完整的体系。詹安泰将古代诗学理论中的审美取向，移植、演化为书法创作的美学思想。蔡梦香、饶宗颐等认为书道与画道相通，点画的挥写要纵意自如。这些都是岭东二爨书风相当突出的特点，也正因为这些显著特点，使岭东二爨书风成就相当突出，涌现出曾习经、詹安泰、饶宗颐等一批在全国乃至全世界有相当影响的书家。他们的书法实践让原本处于边远地区的碑版带上浓烈的士人风度，赋予数千年的书风以时代的气息。

詹安泰被誉为“岭南词宗”，他的文学思想和书法风格是一致的，既有清晰明确的传承脉络，又有突破前人的个性主张，风格上兼收并蓄而时代的特点鲜明。在词学上，吴梅称詹安泰为“取径一石二窗而卓有成就者”，这句评语虽然是评论詹词的门径，但是从詹安泰书法的门径看，也是很讲究学爨的法度的，在遵循爨宝子原碑风格的基础上进行突破。而詹安泰在词的创作过程中，却主张“不必严守声律”。在四十年代中期，他一连发表了两篇论文《中国文学上之倚声问题》（一九四四）和《论填词可不必严守声韵》（一九四五），在吸收夏承焘的有关成果的基础上，对四声问题做了更为深入的研究。他指出：“四声之说，宋人偶一言及，犹多活用，不主严守；元明作家，则并四声，也绝口不谈，核其所作，也不过仅守平仄；到了清初万树作《词律》，始倡言四声——尤其是去上必当严守，可是清初的词人对他的学说并不注意，所作的词，依然是仅守平仄；直到道咸以后，四声严守之说，乃风起云涌，今日诸老辈言词者没有不兼及四声的了。”詹安泰在四声问题上的态度很理性，很辩证：“窃意既名填词，则受声律所限制，自不可免，必欲摧陷而廓清之，则亦不成其为词矣。唯四声无或出入，似亦过于死执；况古人名作正多，必以数家为准，门户亦似太隘；既不能施诸歌唱，协诸管弦，则除拗调拗句加以严守外，即仅依平仄填倚，亦不失其真美也。”他的主张是：“除拗调拗句”之外，其他“仅依平仄”即可，不必严守。理性地突破，也反映在他的书法创作上。他的书作，笔笔是法，但并不严守爨宝子的碑体限制，而是以行草写之，形成独特的书体。无论是传承还是创新，詹安泰的书作一直都保持着学人的理性。

（三）以二爨入行草

广东书家写爨，实临的比较少，更多的是走“以碑法入行草”的路子。比如饶宗颐有着深厚的两爨功底，他的行草作品常以二爨的间架为基础，融入行书笔法。取势二爨的生旷直率、结体散漫奇崛的成分，融入笔意之中，所成行楷亦侠亦狂亦温文，其艺术效果常令人惊叹。

例如詹安泰行书《一从大地起风雷》，单字笔画“双飞”甚多，一行之内文字大小摇摆不定，而全篇排版与《爨宝子碑》暗合。这是詹安泰在谙熟《爨宝子碑》之后形成的一种自然的书写节奏，是对《爨宝子碑》创造性的继承和发展。

再如詹安泰书《黄山谷题郭熙画卷》四屏，爨宝子味道甚重，用笔以方笔为主，兼施圆笔，夹杂行草笔意。全篇用墨浓淡、轻重、枯润变化非常明显，行首字用墨都较重，章法对比关系突出，如“玉”“作”“雨”“坐”“光”的涨墨与“北”“青”“阳”“发”等字的淡墨枯笔对比，增添了作品的韵律感。整体强调横势，点画结体尽量往横向开张，与纵向幅式造成形的对比和势的对抗。布白合理，疏密有致，左右照顾，四屏和谐。字迹逆锋入笔较多，铺毫运行，带“捺”或“长横”的字收笔时带有明显的隶意，如“爱”“远”“取”“五”“水”等字。而圆笔的运用如“山”“玉”“画”“光”“慰”“此”等就显得含蓄。整幅作品相当有“以碑法入行草”的特色。碑帖相融虽古已有之，但二爨碑出土较迟，在岭东地区传播较早，书风兴盛，加上岭东地区思想较开放，求新求变者众，所以以二爨入行草而不是单纯的临摹就成了岭东非常独特的二爨书风。

四、从近代广东文化史看詹安泰书法的形成背景

（一）受近代广东尊碑尊爨的思潮影响

广东清代康、乾年间，书家多为科举士人，受当时书风影响，学董其昌，学赵孟頫，

楷书多从唐楷入手，走颜、欧、柳等传统笔法，馆阁体大行其道，这种影响直至嘉、道之后。以广东澄海一地看，“时至清末及民国初，西方先进的照相印刷术在清末传入中国并迅速发展，古代法帖古本、金石碑刻、汉晋简牍大量出版，加上交通的方便，使过去积藏名迹得以公之于众，大大开阔了人们的视野和帮助人们全面认识了古代优秀传统。进入清朝末期，碑派书法发展到了鼎盛的阶段。特别是康有为的《广艺舟双楫》，在总结清代书法发展时，作者抓住碑学与帖学的转换这一关键，反复强调碑学取代帖学的事实及合理性。康有为的书法理论和实践对于澄海书法的发展产生了直接或间接的影响。澄海众多书家集前贤之智，纵势为尚，变古为新，南北兼收，碑帖互用，走上了自觉发展的道路。”整个广东情况与澄海很相似。

康有为对二爨碑的评价甚高：“《爨宝子碑》端朴若古佛之容。”“宋碑则有《爨龙颜碑》，下画如昆刀刻玉，但见浑美；布势如精工画人，各有意度，当为隶、楷极则。”“铁石纵横体势奇，相斯笔法孰传之。汉经以后音尘绝，惟有《龙颜》第一碑。”“宋《爨龙颜碑》浑厚生动，兼茂密雄强之胜，为正书第一。”

即便排除掉故作高论之处，也可见他对于二爨碑的高度认可。而正是因为康有为当时在整个广东的政治、文化地位极高，他所推崇的二爨书风，就被许多潮汕书家所接受并自觉传承。詹安泰接受二爨的书风，其主要原因是对二爨高古书法风格和书法艺术价值的认可。

而潮汕地处南海边，气候潮湿，纸质书作传世甚少。所以潮汕地区的书法以石刻见长，潮州金山、葫芦山、韩山，汕头龙泉岩、东山、海门等地均保存有数量相当可观的古石刻。这对于詹安泰等一代书家学习和领悟碑学之精妙是有很大帮助的。詹安泰在韩山多年，浸淫其间，也就成了这一背景的典型代表。

（二）詹安泰书风形成历程简述

首先，詹安泰有良好的家学基础。詹安泰出生于一九〇二年，是广东省饶平县上饶区新丰乡（现饶平县新丰镇）人。祖父辈奉素业，有书画家学。詹安泰有诗云：“我祖潇洒好画图，欲收天地归吾卢。我父性行独仁爱，晚虽精医出于儒。”

其次，詹安泰的书风与勤奋好学的品格有极大的关系。詹安泰自幼酷爱书法，用功甚勤，打下了坚实的书法基础。他在韩山师范和中山大学任教期间，执教和学术研究之余，即热衷书法创作。“大约每两月必择一星期假日挥毫……所书条幅，曾选送北京、东京展览。”他在一九三七年写给恩师陈中凡先生的信中说：“泰半月来不填词……兴之所至，亦学涂鸦。”他将“年来名师益友诗笺札裱成四册，朝夕展玩，恍如瞻对，颇慰岑寂。此事在泰竟成嗜好，亦不自知其故也”。

詹安泰与众多书家有旧交，除了前文提到的饶宗颐之外，还与潘伯鹰、王显诏、高二适、黄际遇、蔡起贤等均有往来。詹安泰曾为王显诏画题词一阕《鹧鸪天·一角山楼》，附记云："显诏兼精音乐，风怀洒落，与余共事韩山逾十年矣。"此作带有很浓的爨宝子入行草意味，按推测，这件作品可能完成于二十世纪三十年代末。另有一副"放开肚量食饭，立定脚跟做人"的对联，为蔡起贤所收藏。

以上我们可以看到，詹安泰的书法风格和成就的形成，其基石是潮汕乃至广东广阔的社会文化，其学人本色和勤奋努力的品格，一步一个脚印造就了他独特的书法面目。

詹安泰书法作品

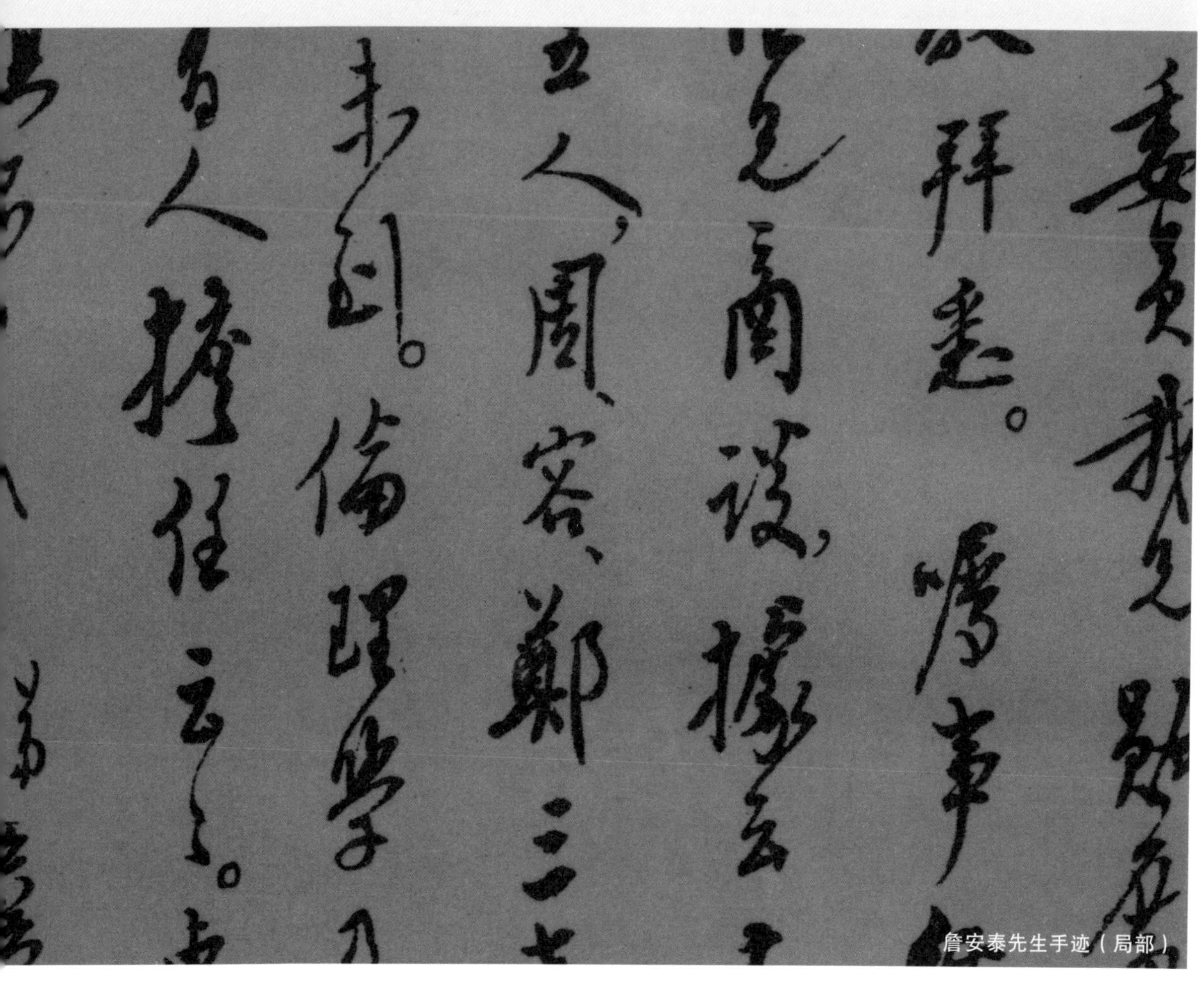

詹安泰先生手迹（局部）

黄山谷题《郭熙画卷》

黄州逐客爱赐环，
江南江北饱看山。
玉堂卧对郭熙画，
发兴已在青林间。
郭熙作画但荒远，
短纸曲折开秋晚。
江村烟外雨脚明，
归雁行边余叠巘。
坐思黄柑洞庭霜，
恨身不如雁随阳。
熙今头白有眼力，
犹能弄笔映窗光。
画取江南好风日，
慰此将衰镜中发。
熙但肯画宽作程，
五日十日一水石。

黄山谷题《郭熙画卷》
乙酉立秋后三日
龙溪叔台正属

祝南　安泰

黃州逐客未賜環江南
江北飽看山玉堂臥對
郭熙畫發興已在青林
間郭熙作畫但荒遠短
紙曲折開秋晚江村
煙外雨腳明歸雁行
邊餘疊巘坐思黃柑
洞庭霜恨身不如雁
隨陽熙今頭白有眼力
猶能弄筆映窗光畫
取江南好風日慰此將
衰鏡中髮熙但肯畫
寬作程五日十日一水
石

黃山谷題郭熙畫卷
乙酉立秋後二日
龍谿梯臺正屬 鬍某

黄州逐客愛賜環江南
江北飽看山玉堂卧對
郭熙畫發興已在青林
間郭熙作畫但荒遠短

紙曲折開秋晚江郊
煙外雨腳明歸雁行
邊餘疊巘坐思黃柑
洞庭霜恨身不如雁

隨陽照食頭白有眼分
猶態弄筆睽窗光畫
取江南好風日登此將
衰鏡中長照但有畫

寬作程五日十日一水石

黄山谷題郭熙畫卷

乙酉立秋後二日

龍谿妹臺正屬

程尚葉

感遇诗五首

人生有饭随缘食，泛海无方偶此居。
腐眼悬知飞骨肉，嘘天不便问何如。
为邻与古翻成病，染手生香一例虚。
诗卷长留吾辈事，岩猨沙鸟况相于。①

懒散吾生合数奇，出山长似在山时。
人前几见同笙磬，梦去常欣友鹿麋。
下士声闻余苦笑，中情风雨剥残碑。
有功翰墨真谁顾，作计田庐不可期。

倾河泻海意难平，走向高岗引吭鸣。
肯与痴儿酬一笑，可堪狂气积三生。
曹刘不得暗中索，蛙黾翻能日下声。
退院僧今真欲学，逢人稍许目瞠瞠。

食贫地僻埋名久，回雁峰高礫鼠仍。②
与敛雄愁入小草，惯能长夜坐孤灯。
山沉鸟梦声归树，风揭窗扉月弄藤。
作计还乡那得遂，人间终古凛坚冰。

棘句钩章与世违，自持愿力挟山飞。
鲇鱼上竹将谁憾，藤杖看花得所归。
片月生江意如会，尺箠取半道能肥。
何当苦学孟东野，厚地高天容息机。

其铨老棣属书旧作
祝南　詹安泰

①双行夹注“莫误不‘猨’上脱‘岩’字”。
②双行夹注“时湘北第四次大战”。

人生有許隨緣
食泛海無方偶
此屋高眼懸也

飛骨肉嗟天不
傻問何如老龍
與古翻來病染

手生香一例虛
詩卷長留吾輩
事攫沙鳥況相

於懶散（莫誤不撥 工脫巖字）
吾生合數奇出
山長似似在山時

人苒幾見同筆
聲夢古常欣受
康麼下士聲聞

餘苦笑中情風
兩剎殘碑有功
鞹墨真雄顏佐

計田廬不可期
傾河瀉海意難
平走向高嵩引

吭鳴肯肯癡兒
酹一笑可堪狂
气積三生曾劉

不畏晴中索蛙
黿翻能日下聲
還院僧令真好

學道人稍許自
瞠瞠食貧地倣
埋名久回雁峰

高礫鼠仍（時湘北四次大戰）
與飲雖愁入小
草慣能長在坐

孤燈山沉鳥學
截歸樹風掛窗
扉月弄藤佳計

還躡邢畏遂人
閒終古凜堅之
棘句鈞章與世

運自持頤多挾
山飛鮎魚上竹
將誰憾藤杖否

花畏眠歸片月
生江意如會尺
善取米道能肥

何當苦學孟東野寒
地高天窄息機
其銓老棣屬書齋句
根南居士

人生有飯隨緣食泛海無方偶此屋腐眼懸去

飞骨肉嗟天不

便問何如者觀

興古翻來病染

手生香一倒壺
詩卷長留吾輩
事猨沙鳥況相

於（莫誤下後）（上脱巖字）懶散

吾生合數奇出

山長似在山時

人荓幾見同筆

磬學去常欣及

廉麋下士聲聞

餘苦箋中情風
兩剝殘碑有功
翰墨真誰顧住

計日廬京可期
傾河瀉海意難
卒走向高崗引

吭鳴肯与癡兒

酹一笈可堪摧

气積三生會劉

不學暗中寥蛙
宣飜能日下聲
還院僧今真似

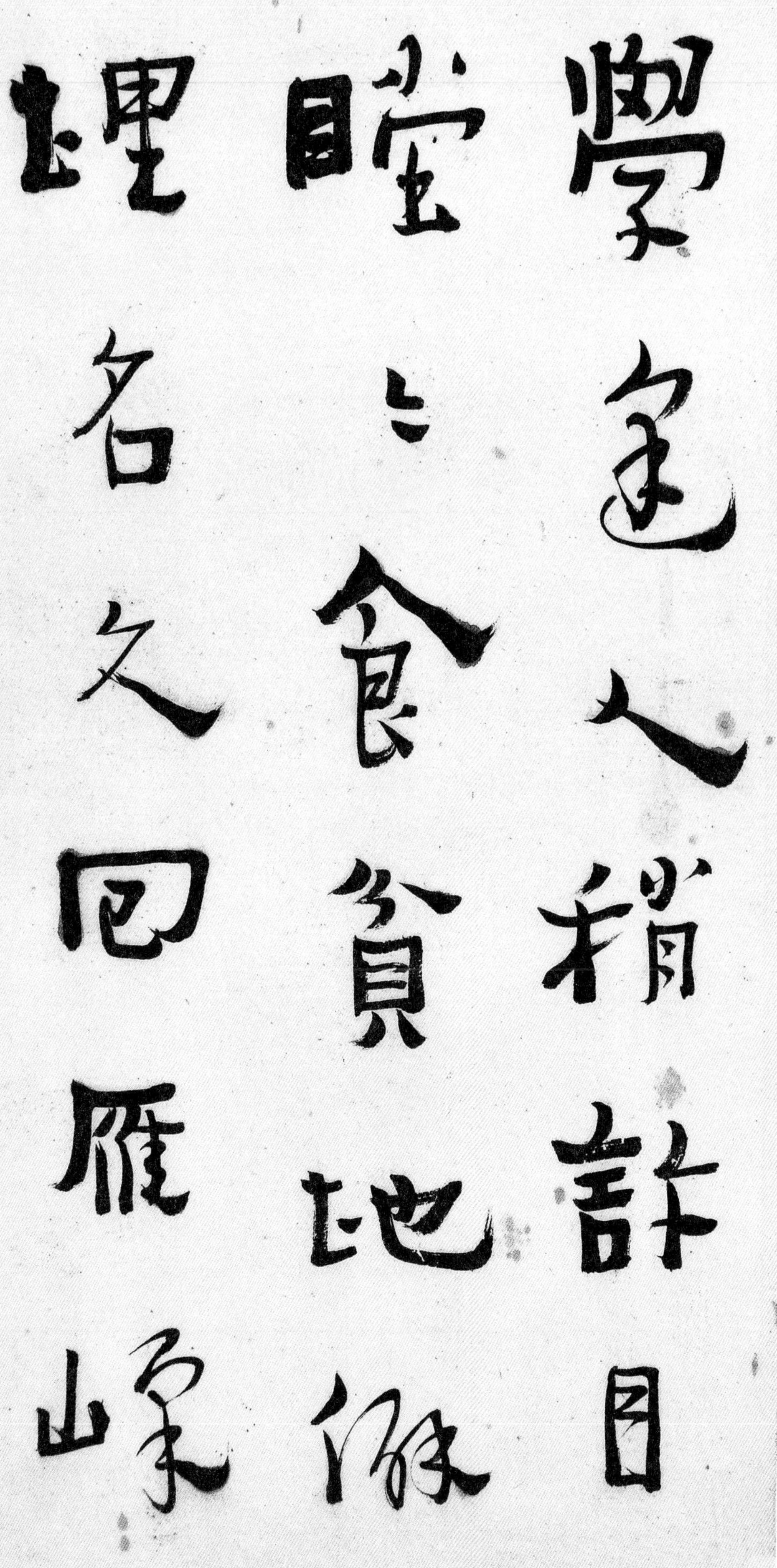

高碟亂仍時湘北第四次大戰與斂雉愁入心草慣能長恒坐

孤燈山沈鳥夢

聲歸樹風揭窗

扉月弄藤佳詩

還瑯琊學遂人
開終古凛風今
赫的鈞章與在

運自持頤分扶
山飛船魚工竹
將誰憾藤杖於

花影形歸片月
生江意如會尺
筆取米道能肥

何當苦學孟東野厚
地高天容息機
其銓老棣屬書齋
稅南居士秦

毛泽东七律《答友人》

九嶷山上白云飞，
帝子乘风下翠微。
斑竹一枝千滴泪，
红霞万朵百重衣。
洞庭波涌连天雪，
长岛人歌动地诗。
我欲因之梦寥廓，
芙蓉国里尽朝晖。

毛主席七律《答友人》
一九六四年五月五日
詹安泰　敬录

九嶷山上白雲飛，帝子乘風下翠微。斑竹一枝千滴淚，紅霞萬朵百重衣。洞庭波湧連天雪，長島人歌動地詩。我欲因之夢寥廓，芙蓉國裏盡朝暉。

毛主席七律答友人

一九六四年五月書於安泰 [illegible]錄

毛泽东词《念奴娇·昆仑》

横空出世，
莽昆仑、阅尽人间春色。
飞起玉龙三百万，
搅得周天寒彻。
夏日消溶，
江河横溢，
人或为鱼鳖。
千秋功罪，
谁人曾与评说？

而今我谓昆仑：
不要这高，
不要这多雪。
安得倚天抽宝剑，
把汝裁为三截？
一截遗欧，
一截赠美，
一截还东国。
太平世界，
环球同此凉热。

毛主席《念奴娇》
一九六四年五月五日
詹安泰　敬录

橫空出世莽崑崙閱盡人間春色飛起玉龍三百萬攪得周天寒澈
夏日消溶江河橫溢人或為魚鱉千秋功罪誰人曾與評說而今我謂崑
崙不要這高不要這多雪安得倚天抽寶劍把汝裁為三截一截遺歐
一截贈美一截還東國太平世界環球同此涼熱 毛主席念奴嬌
一九六四年五月吾唐安泰敬錄

自书诗

惯忍饥肠不放声，
行天六月自孤清。
高情终古无偏照，
阅世何年真太平。
别有笑啼看聚散，
谁携冰雪洗红猩。
喧豗一夕成虚妄，
莫问人间璅璅名。

旧作书为
其铨老棣雅鉴
无庵　詹安泰

慣忍饑腸不放聲行天六月自孤清高情終古無偏照閱世何年真
太平別有笑嘅看聚散誰攜之雪洗紅腥喧豗一夕朱雲妄莫問
人間蟬蟬名　舊作書為
其銓老棣雅鑒　毛盦唐安泰

姜夔词《齐天乐》

庾郎先自吟愁赋，
凄凄更闻私语。
露湿铜铺，
苔侵石井，
都是曾听伊处。
哀音似诉。
正思妇无眠，
起寻机杼。
曲曲屏山，
夜阑独自甚情绪？①

西窗又吹暗雨。
为谁频断续，
相和砧杵？
候馆吟秋②，
离宫吊月，
别有伤心无数。
豳诗漫与。
笑篱落呼灯，
世间儿女。③

姜白石《齐天乐》书应
之盘叔祖属正
祝南　安泰

注：
①姜夔原作“夜凉”。
②姜夔原作“迎秋”。
③姜夔原词此处之后尚有“写入琴丝，一声声更苦”。

庾郎先自吟愁賦淒淒更
聞私語露濕銅鋪苔侵
石井都是曾聽伊處哀
音佀訴正思婦無眠起
尋機杼曲曲屏山夜闌獨
自甚情緒西窗又吹暗
雨為誰頻斷續相和砧
杵候館吟秋離宮吊月
別有傷心無數豳詩漫
與笑籬落呼燈世間兒
女

姜白石齊天樂書應
之鑑林祖屬正
祝尚安[illegible]

庾郎先自吟愁賦淒〻更
聞私語露濕銅鋪苔侵
石井都是曾聽伊處哀

音似訴正思婦無眠起
尋機杼曲曲屏山夜闌獨
自甚情緒西窗又吹暗

雨為誰頻斷續相和砧
杵候館吟秋離宮吊月
別有傷心無數豳詩漫

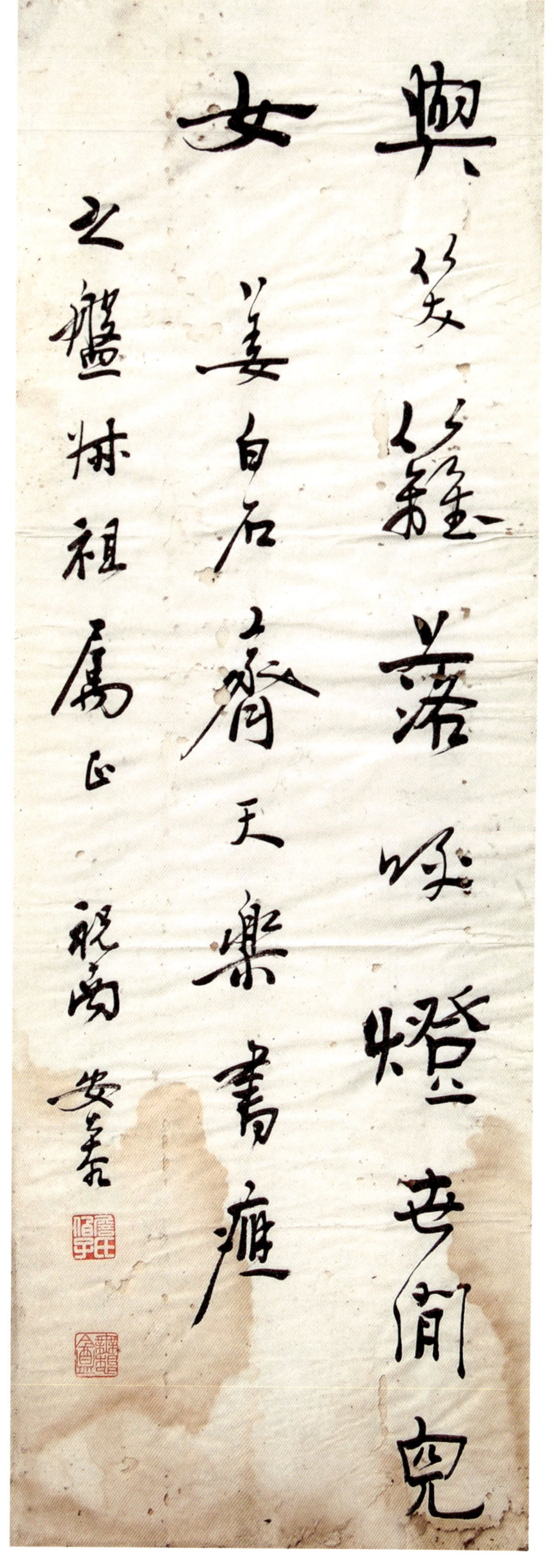
與笑籬落呼燈世間兒女
姜白石齊天樂書
之盤琳祖属正

毛泽东七律《和郭沫若同志》

一从大地起风雷，
便有精生白骨堆。
僧是愚氓犹可训，
妖为鬼蜮必成灾。
金猴奋起千钧棒，
玉宇澄清万里埃。
今日欢呼孙大圣，
只缘妖雾又重来。

毛主席七律《和郭沫若同志》
祝南詹安泰敬书于康乐村
一九六六年五月

一從大地起風雷便有精生白骨堆僧是愚
氓猶可訓妖為鬼蜮必成災金猴奮起千鈞
棒玉宇澄清萬里埃今日歡呼孫大聖只緣
妖霧又重来

毛主席七律和郭沫若同志

祝南詹安泰敬書于康樂邨 一九六六年五月

毛泽东词《清平乐·会昌》

东方欲晓。
莫道君行早。
踏遍青山人未老。
风景这边独好。

会昌城外高峰。
颠连直接东溟。
战士指看南粤，
更加郁郁葱葱。

一九六四年五月敬录毛主席《清平乐·会昌》
祝南　詹安泰

东方欲晓莫道君行早踏遍青山人未老风景這邊獨好會昌城外高峰顛連直接東溟戰士指看南粵更加鬱鬱蔥蔥

毛主席清平樂會昌

一九六四年五月敬錄

[illegible][illegible]居 安泰

致冼玉清手札

冼先生：

拜访不晤，至歉！写“诗经的艺术性”，我的意见，可以参考后面所开列的几篇文章，然后着笔，比较容易写得好，尊意以为何如？

弟詹安泰

十二月十五日午后二时

文学语言中的几个问题

苏联文学报专论《文艺报》54、55期

斯大林关于语言学著作中的文学问题

（《文学和语言》一章）

《人民文学》第四卷何其芳、严辰两篇讨论民歌的文章洪先生：拜访，不晤，至歉！写「诗经的艺术性」我的意见，可以参考后面所开列的几篇文章，然后翻书，比较容易写得好。鄙意以为如是。

弟詹安泰 十二月十五日午后二时

文学语言中的几个问题 苏联文学艺术论

文艺报 54 55 期

斯大林关于语言学著作中的文学问题

（「文学和语言」一文章）

人民文学第四卷 何其芳、严辰两篇讨论民歌的文章。

陈师道诗《从苏公登后楼》

倏作三年别，
才堪一解颜。
楼孤带清洛，
林缺见巴山。
五月池无水，
千年鹤自还。
白鸥没浩荡，
爱惜鬓毛斑。

翼云先生方家属正
詹安泰

倏作三年別未堪一解顏瘦孫帶
清淺林缺見巴山五月池堂水千峯
鶴目還白鷗沒浩蕩愛惜鬢毛斑

翠雲先生方家屬正

居安書

致朱庸斋手札

庸斋词兄道席：

昨晤谈，忻快无极。

《分春馆词》拜读一过，格高意远，至为叹佩。尝谓此事虽若易为，然非天资高、性情厚、襟抱洒落者，苦学亦不能。至抗尘走俗或迂腐自矜之徒之不足以语此，更不待言。

兄词固不知视海绡何如，卓然有以树立，则无可疑也。弟曩亦喜此，苦乏师承，故事半功倍。于半塘重、拙、大之义，硁硁自守而终不免于粗，盖分心力以学诗，行衢道者不至，亦理势然矣。寄奉《无庵词》一册，乞教。尚有续稿三卷，将来拟并此册删定为一卷。昔大鹤山人刻《瘦碧》《冷红》《苕雅》诸集问世，及其定为《樵风乐府》也，存《瘦碧》七首（原六十七首），存《冷红》五十六首（原一百四十五首），存《苕雅》一百十首（原一百七十三首），则弟此刻或在全删之列，亦未可知。

尊集绍弼两序极佳，求之今人殊不易觏，惜犹未及喤论兄词，如鲁直之序小晏，文潜之序东山耳。昨禾丈寄《碧芙蓉》属和，搜索枯肠，勉成一解，未审高明亦曾继声否？

匆匆敬承，著安，不具。

弟詹安泰再拜

四月十二日

庸齋詞兄道席：一昨賜讀，忻快無極。
分春館詞，特復一過，極為意遠，至為
欽佩。嘗謂此事雖多可為，然非天資
高，性情厚，襟抱灑落者，皆學而不
能至。抗塵走俗，我過廣，自矜之淺之
不足以讀此，更不詩云云。
兄詞圓不知，視海綃似尤卓然，有以樹之，
則無可疑也。弟素亦惡此，若之聊取
故事，半仿倍於半塘重拙大之 漱宋室

義。𡅃𡅃自守，而終不免於龐雜。蓋分
心力以學詩、衍衛道者，亦至亦理勢然
矣。寄奉元金詞一冊已
徵。前者續集三卷，特來撤並此冊刪定
為一卷。昔大鶴山人刻瘦碧、冷紅、苕雅諸
集，閱世及其定本，推風樂府也。存瘦碧
七首（原六十七首），存冷紅五十六首（原一百四十五首），存苕雅
一百十首（原一百七十三首）。則弟此刻或在全 漱宋室

刪之列，亦未可知。
尊集緒論兩序，推崇之，今人殊不易親
情，猶未及盛論。
兄詞如魯直之詩，不是文潛之流，東山耳。非
宋文字，碧山夫善學和揆，室枯腸勉盡一解
未審
高明亦曾繼聲無多之承
以上何如，幸示之。
弟居安頓首
四月十四日
漱宋室

庸齋詞兄道席：一昨晤談，快慰極

分。春館詞捧讀一過，措意甚至，為

欽佩。嘗謂此事雖另有為，然非天資

高，性情厚，襟抱灑落者，皆學之不

能至。抗塵走俗，或過腐自矜之徒之

不足以語此，更不論詩云云。

兄詞圓不知規海，絹然真地看以樹之，

則無子疑也。弟累意此，皆云那

故事半功倍於半塘，重拙大之澈宋室

以義確之自守而終不免於龐雜蓋亦心力以學詩行衛道背而至亦理勢然矣宋李元膺詞一冊已散尚有續稿三卷特來擬並此冊刪定為一卷者大鶴山人刻瘦碧冷紅苕雅諸集問世及其定本樵風樂府也存瘦碧七首（原六十七首）存冷紅五十六首（原一百四十五首）存苕雅一百十首（原一百七十三首）則弟此刻或在金漱宋室

冊之列尔来不知

尊集得綴兩序種佳求之令人殊不易覯

情猶未及鑒論

先詞出自魚君之序不畏文瀞之序東山耳非

來文字碧落夫暮摩和擇字枯腸勉强一解

未寄

高明者曾繼聲否勿之承

以出自他處而言之

專肅 居安 不具

四月十一日

漱宋室

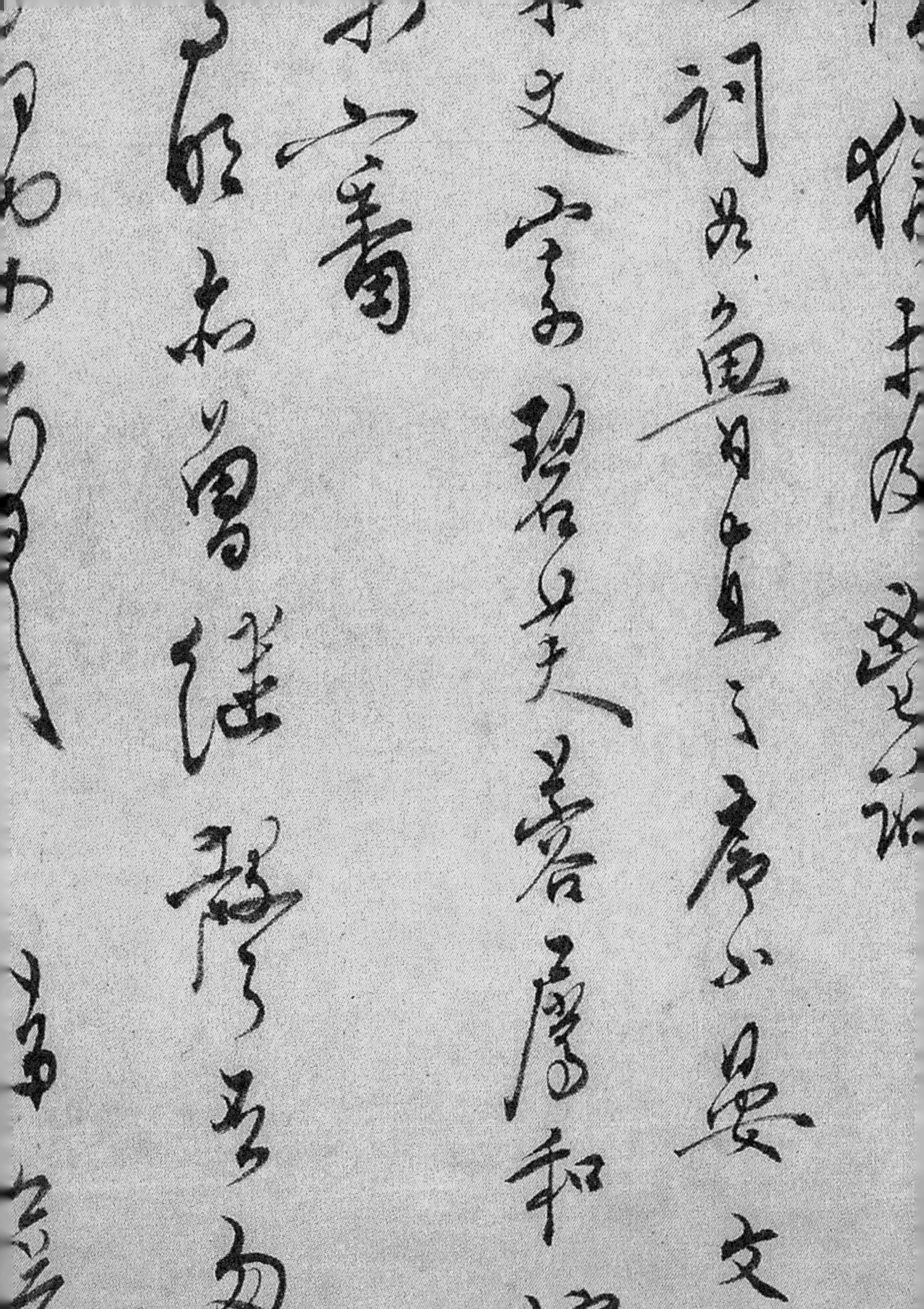

碧芙蓉·春阴和六禾丈

浓鬟腻鬌。
抱葱茏佳色，
二分春过。
柳昏花暝，
慵看游俊，
何方轻舸。
恩多睡重，
料起晏、难梳裹。
枉林莺、千唤来迟，
只旧衫、粉融香涴。

绮梦真成拘锁。
向天涯，
谁伴我。
听雁边人语，
北客南归，
欢容无个。
清泪因风堕。
休问讯、永和江左。
遍望处、云暗烟深，
遣愁惟酒粗可。

庸斋词兄正之
安泰俶稿
己丑三月

碧芙蓉　春會和六么丈

濃鬟膩鬢抱蔥蘢佳色二分春過柳昏花暝慵看遊倦何方輕舸恩多睡重料艇晏難梳裏柱林鶯千喚來遲只膩衫粉融香涴綺夢真成拘鎖向天涯誰伴我聽雁邊人語北客南歸歡容豈箇清淚因風墮休問訊永和江左徧望處雲暗煙深遣愁惟酒粗可

庸庸齋詞兄正之　安秦俳豪　己丑三月　漱宋室

程子大词《清平乐》

十三年纪。
双眼明秋水。
记得那回灯影里。
替把鬓丝扶起。

程子大《清平乐》前阕
兆僧先生正字
祝南　詹奉

十三年紀雙眼明秋水記
得那回鐙影裏替把鬢
絲扶起

程子大清平樂芳闋

兆僧先生正字

祝南詹泰

自书诗

与世乱标新，
浅人事媚俗。
亦有少年豪，
搜刮务炫目。
朱生耿介士，
高冠而奇服。
晞发向阳阿，
选幽到岩曲。
植性依修篁，
瀹肠汲山(绿)渌。
细路接城隅，
日夕借书读。
深观欲自得，
所学异时逐。
自我来瀫江，
伤多情每促。
有诗付阿买，
无才驾昌谷。
念子诚可亲，
别子谁能卜。
志尚在千秋，
子倘思之熟！叔

庚辰新秋
德孚仁弟业毕将离瀫江索小诗留念
赋此贻之
祝南　詹安泰

與世亂擾紛淺之事媚俗尔有少年豪撥刮務悖目朱生耿介士高尉而奇觚晞髮向陽阿選幽到巖曲植性依脩篁瀹腸汲山綠滌細路接城隅日夕借書讀深觀欲自畀勝學異時逐自我來瀲江濞多情安促看詩付阿買無卞駕昌谷念子誠可親别子誰能卜志向在千秋子倘思之熟 林

庚辰新秋

德先仁弟業畢将離瀲江索小詩留念賦此貽之

抱甫居 安泰

题“天风楼”

天风楼

德孚仁弟，振奇士也。颜其室曰天风，而属余书之。时正大劫当前，余将举家避难，此后不知流落何所。安得偕吾德孚，远立尘埃之表，一听天风海涛之音哉。掷笔黯然。

己丑四月祝南詹安泰题于广州之石牌

天風樓

毛泽东词《西江月・井冈山》

山下旌旗在望，
山头鼓角相闻。
敌军围困万千重，
我自岿然不动。

早已森严壁垒，
更加众志成城。
黄洋界上炮声隆，
报道敌军宵遁。

毛主席《西江月》
詹安泰 敬书

山下旌旗在望山頭鼓角
相聞敵軍圍困萬千重
我自歸然不動早已森
嚴壁壘更加衆志成城
黃洋界上礮聲隆報道
敵軍宵遁

毛主席西江月
公居安泰敬書

苏轼词选抄

缺月挂疏桐，
漏断人初静。
时见幽人独往来①，
飘杳孤鸿影②。

惊顾却回头③，
有恨无人省。
拣尽寒枝不肯栖，
寂寞沙洲冷。

照野弥弥浅浪，
晴空霭霭微霄。
障

注：
①时见，一作“谁见”。
②飘杳，苏轼词原作“缥缈”。
③顾，苏轼词原作“起”。

缺月掛疏桐漏斷人初靜
時見幽人獨往來飄杳孤
鴻影〻驚顧却回頭有恨
無人省揀盡寒枝不肯
棲寂寞沙洲冷照野瀰
瀰淺浪晴空靄〻微霄障

节抄黄庭坚《戏赠彦深》

李髯作人有佳处，
李髯作诗有佳句。
虽无厚禄故人书，
门外常[1]多长者车。

和穆仁弟属
詹安泰

①原作为“犹”

李髯作人有佳處，李髯作詩
有佳句。雖無厚祿故人書，
門外常多長者車。

和穆仁弟屬 詹安泰

节临《信行禅师碑》

析薪求火，
岂睹炎光之盛；
画瓶缄毒，
莫饫甘露之津。
蚊喙之识罕周，
牛便之劣滋甚。

信行禅师碑
祝南

析薪求火豈覩炎光之盛

畫瓶緘毒莫飫甘露之津

蚊喙之識罕周牛便之劳

滋甚

信行禪師碑

祝南

翠楼吟

乙亥新秋登清凉山扫叶楼

石磴嘘凉，
楼风扫叶，
当年隐仙何许。[1]
官杨摇乱绿，
有迎客、翩翾灵羽。
莫愁延伫。
问万劫京华，
香车谁驻。
荒庵古。
梦深恩怨，
故宫零谱。

寄语。
拖帚残僧，
漫暗伤亡国，
旧城东路。
夕阳无限好，
伴无恙、年年玄武。
羞花颦雨。
算换得人怜，
还招天妬。
归程误。
望昏双眼，
白云来去。

①双行夹注“楼为龚半千隐处”。

翠樓吟

乙亥新秋登清涼山掃葉樓

石磴喔涼，樓風掃葉，當年隱仙何許（樓爲龔半千隱處）。宮楊搖亂綠，有迎客翩翩靈羽。莫愁延竚，閱萬劫京華，香車誰駐。紫庵古夢，深恩怨故宮零譜。

寄語拖帚殘僧，漫晴傷亡國，舊城東路。夕陽無限好，伴無愁年年玄武。菱花顰雨，算換得人憐，還招天妬。歸程誤，望昏雙眼，白雲來去。

扬州慢

癸酉十月，霜风凄紧，缯纩无温。忆枯萍狱中情况，悲痛欲绝。用白石自度腔，写寄冰若、逸农。

髡柳敧台，
毒腥挞鼻，
倚天剑气凝霜。
望边城一角，
影旧日斜阳。
自湖上、清欢老去，[①]
病怀欺酒，
羸马逢场。
甚多情依恋，
年年消受悽惶。

俊才漫许，
有飞花、飞絮颠狂。
况海国嘘龙，
孤亭唳鹤，
大野荒荒。
说与故山猿鸟，
刚风紧、片月微茫。
剩沧桑危涕，
愁听空外吟商。

①双行夹注“枯萍旧曾共事两年，重来又三易寒暑矣”。

揚州慢

癸酉十月霜風淒緊繒纊無溫憶枯萍獄中情況悲痛欲絕用白石自度腔寫寄冰若逸農

鬢柳欹臺毒腥撾鼻倚天劍氣凝霜望邊城一角影舊日斜陽自湖上清歡君去（枯萍舊曾共事兩年重來又三易寒暑矣）病裏歎酒羸馬逢場甚多情依戀年年消受悽惶後土瀉許有飛花飛絮顛狂況海國噓龍孤亭唳鶴大野荼荼說與故山猿鳥幽風緊片月微茫賸滄桑危蕩愁聽空外吟商

天香

丁丑新秋为陈寥士题《单云阁》图

玉蕊浮雕，
空王浪说，
痴肥恼乱人意。
梦捣龙鳞，
携归湖草，
不信孤根无寄。
排云愿了，
谁省识、哀弦激指。
愁抱秋衣自忍，
时时夜深惊起。

依回露凉似水，
碎秋魂、瘦红飘坠。
何限故宫明月，
故年心泪。
一字筹边未试。
算流恨、江山总词费。
半幅生绡，
相看甚世。

天香

丁丑新秋為陳寥士題單雲閣圖

玉悲浸雕空王浪說癡肥惱亂入意夢擣龍鮮攜歸湖草不信孫根豈寄排雲頤了誰省識哀絃激指愁抱秋衣自忍時時夜深驚起 依回露涼似水碎秋魂瘦紅飄墜何限故宮明月故年心淚一字籌邊來試算流根江山總詞費半幅生綃相看甚世

题陈高汉国梁《半楼印稿》

镇狂涛激枕，
瘦石盘云，
倦旅年年。
未是幽栖客，
奈花羞鬓老，
梦逐春宽。
半楼寄情何处，
歌哭总无端。
剩片玉玲珑，
埋将艳劫，
媚与孤欢。

雕肝，
倩谁省，
尽裹锦封泥，
汉简唐笺。
准拟摩崖去，
怕啼烟鹤警，
吊月猿寒。
醉瓢久拼同守，
名字忍人看。
只残社凄迷，
心期尽日愁倚阑。[1]

①双行夹注“高汉嗜酒，无日不醉，故篇中及之”。

憶舊遊

題陳高漢同撰半樓印稾

鎮狂濤激枕，瘦石盤雲，倦旅年年。未是幽棲客，奈花蓋鬢若，夢逐春寬。半樓寄情何處，歌哭總無端。贖片玉玲瓏，埋將蠹蝕，娟與孤懽。　雕肝倩誰省，儘裏錦封泥，漢簡唐箋。準擬摩崖去，相喚煙鶴聲，吊月猿寒。醉鄉久拚同守，名字忍人看。只殘社淒迷，心期盡日愁倚闌。

高漢嗜酒無日不醉，故篇中及之。

姜夔《齐天乐·蟋蟀》及《扬州慢》

庾郎先自吟秋赋，
凄凄更闻私语。
露湿铜铺，
苔侵石井，
都是曾听伊处。
哀音似诉，
正思妇无眠，
起寻机杼。
曲曲屏山，
夜阑独自甚情绪。

西窗又吹暗雨。
为谁频断续，
相和砧杵？
候馆吟秋，
离宫吊月，
别有伤心无数。
豳诗漫与，
笑篱落呼灯，
世间儿女。
写入琴丝，
一声声最苦。

淮左名都，
竹西佳处，
解鞍少驻初程。
过春风十里，
尽荠麦青青。
自胡马窥江去后，
废池乔木，
犹厌言兵。

少磐叔祖属正
祝南安泰
于高陂途次

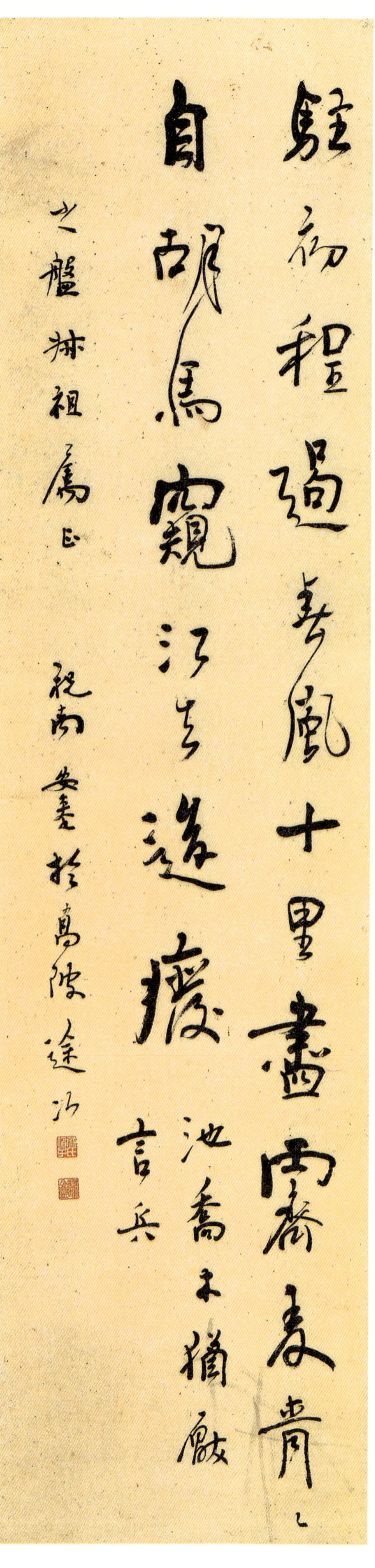

庾郎先自吟秋賦淒淒更聞私語
露濕銅鋪苔侵石井都是曾聽
伊處哀音似訴正思婦無眠起
尋機杼曲曲屏山夜涼獨自甚情
緒西窗又吹暗雨為誰頻斷續相
和砧杵候館吟秋離宮弔月別
有傷心無數豳詩漫與笑籬落呼
燈世間兒女寫入琴絲一聲聲更
苦淮左名都竹西佳處解鞍少

鹧鸪天

照眼新花刻故欢。
遥情谱入念家山。
未疏酒琖留春面，
渐怕长年倚石阑。

天路渺，夜程宽。
声声犹泻乱流寒。
忧愁风雨年时树，
不抵当楼一日看。

岁首“鹧鸪天”三之一
录请子君我兄双政
祝南弟　詹安泰

照眼新花刻如歡遣情謎入念家山米跡酒錢留春

面漸怕長年倚石闌天路渺夜程寬聲聲猶瀉亂

深寒憂愁風雨千時樹不極當樓一日看

歲首鷓鴣天三之一錄請

子君我兄夏政 胡南年居

安泰

许浑诗《早秋》及《秋日赴阙题潼天驿楼》

遥夜泛清瑟，
西风生翠萝。
残萤栖玉露，
早雁拂金河。
高树晓还密，
远山晴更多。
淮南一叶下，
自觉洞庭波。

红叶晚萧萧，
长亭酒一飘（瓢）。
残云归太华，
疏雨过中条。
树色随关迥，
河声入海遥。
帝乡明日到，
犹自梦渔樵。

其敏先生雅鉴
祝南詹安泰

遙夜汎清瑟，西風生翠羅。殘螢棲玉露，早雁拂金河。高樹曉還密，遠山晴更多。淮南一葉下，自覺洞庭波。紅葉晚蕭蕭，長亭酒一瓢。殘雲歸太華，疏雨過中條。樹色隨關迥，河聲入海遙。帝鄉明日到，猶自夢漁樵。

其敏先生雅鑒

祝南詹安泰

铜溪石室　联

铜溪铸剑看离合
石室藏书问有无

祝南

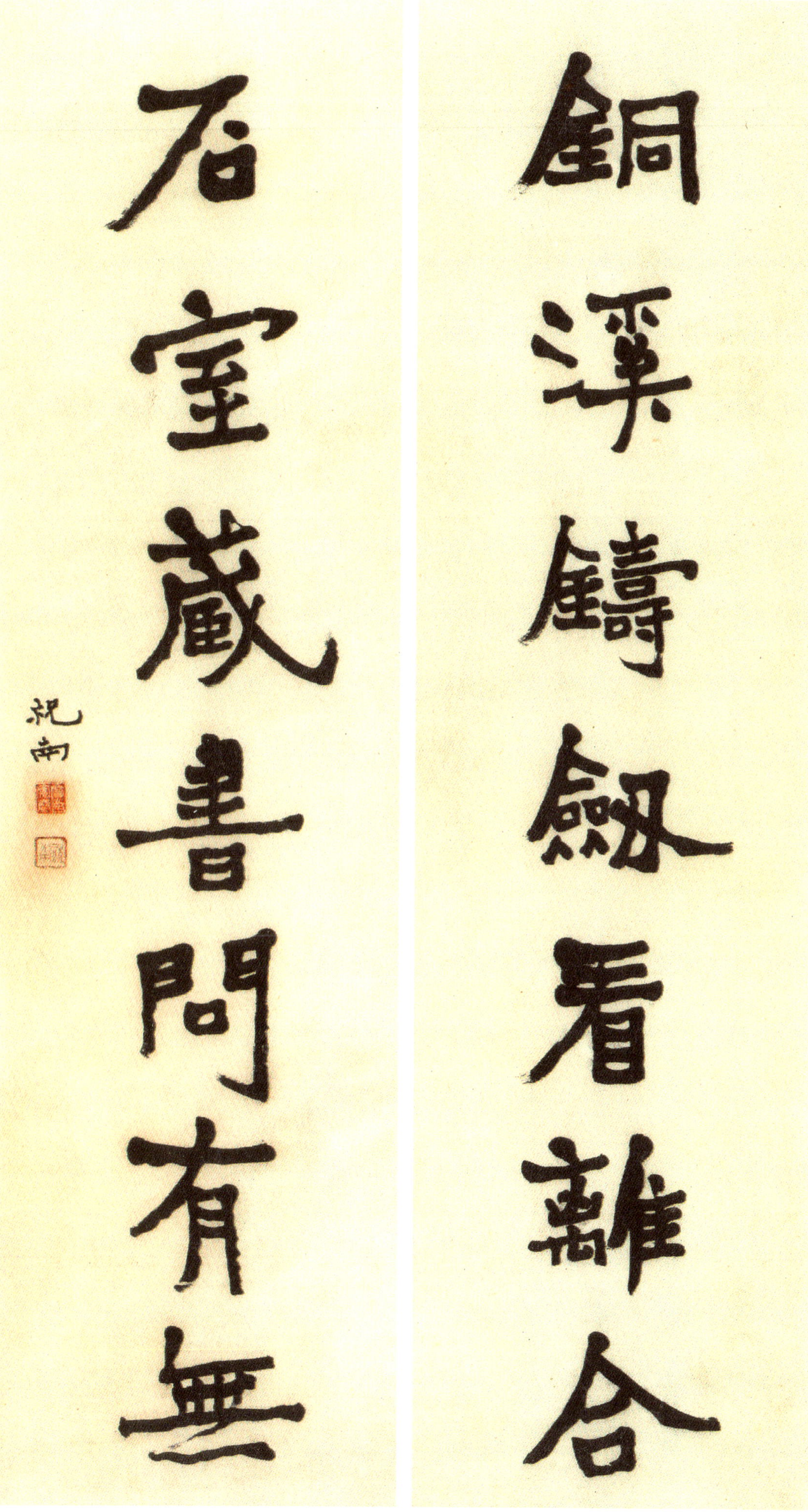
石室藏書問有無
紀南

放开立定　联

起贤仁棣正鉴

放开肚量食饭
立定脚跟做人

祝南

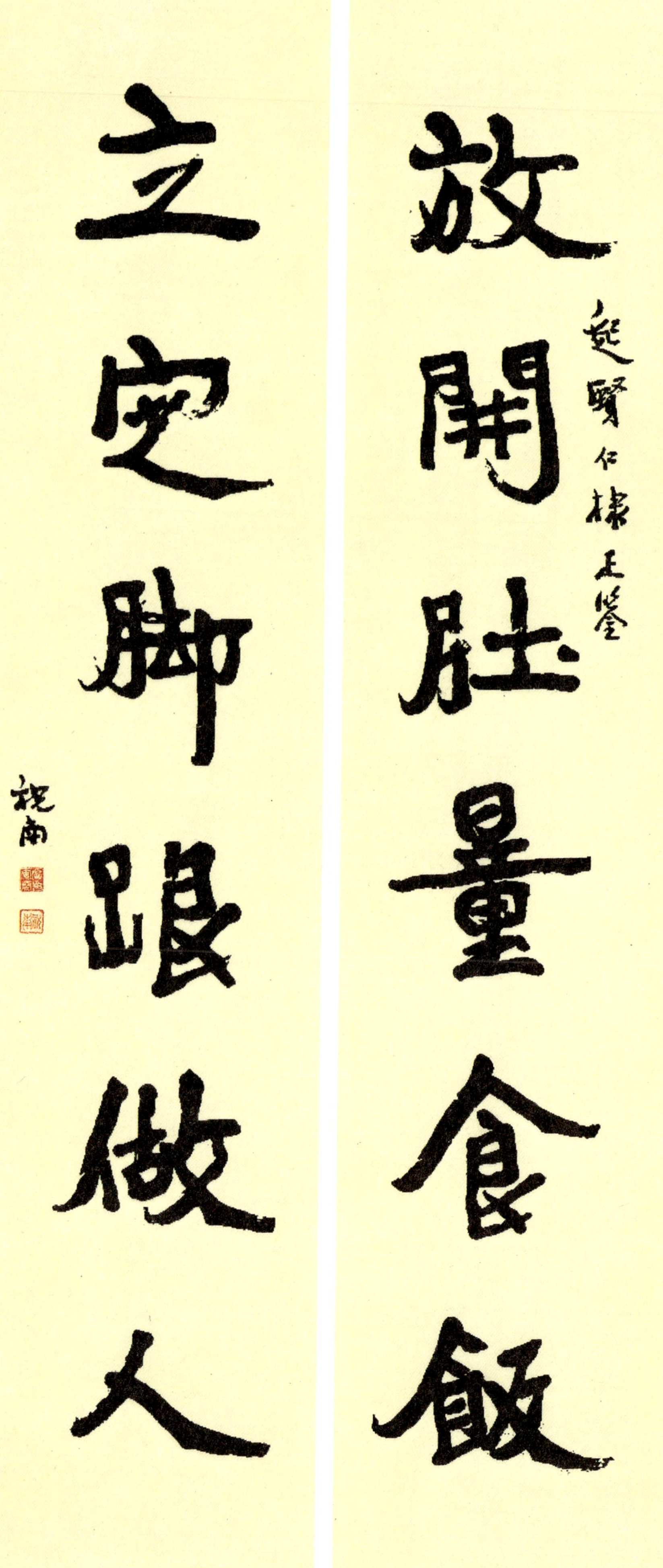
放開肚量食飯
企定脚跟做人

苏轼诗《湖桥》

朱栏画柱照湖明，
白葛乌纱曳履行。
桥下龟鱼晚无数，
识君拄杖过桥声。[1]

和文与可洋州园池
益琛贤弟清赏
祝南

朱闌畫柱照湖明白葛
烏紗曳履行橋下龜魚
晚無數識君拄杖過橋
聲 和文與可洋州園池

益燮賢弟清賞

祀南

温庭筠词《菩萨蛮》

凤凰相对盘金缕，
牡丹一夜经微雨。
明镜照新妆，
鬓轻双脸长。

玉[1]楼相望久，
栏外垂丝柳。
音讯[2]不归来，
社前双燕回。

敦锋老弟雅鉴
祝南　詹安泰

注：
①温庭筠原作为“画”。
②温庭筠原作为“信”。

鳳凰相對盤金縷牡丹一夜經

微雨明鏡照新粧鬢輕雙臉

長玉樓相望久欄外垂絲柳音

信不歸来社前雙燕迴

敦録老弟雅鑒

杞南唐安泰

毛泽东词《渔家傲·反第二次大围剿》

白云山头云欲立，
白云山下呼声急，
枯木朽株齐努力。
枪林逼，
飞将军自重霄入。

七百里驱十五日，
赣水苍茫闽山碧，
横扫千军如卷席。
有人泣，
为营步步嗟何及！

毛主席《渔家傲》
詹安泰敬录

白雲山頭雲欲立白雲山下呼聲急枯木朽
株齊努力槍林逼飛將軍自重霄入七百里
驅十五日贛水蒼茫閩山碧橫掃千軍如
捲席有人泣為營步步嗟何及
毛主席漁家傲
詹安泰敬录

黄庭坚诗《寄黄几复》

君居北海我南海[①]，
寄雁传书谢不能。
桃李春风一杯酒，
江湖夜雨十年灯。
持家但有四立壁，
治病不蕲三折肱。
想得读书头已白，
隔溪猿哭瘴溪藤。

之盘叔祖雅鉴
祝南　安泰

注：
①黄庭坚诗原作为“我居北海君南海”

君居北海我南海
寄雁傳書謝不能
桃李春風一杯酒
江湖夜雨十年燈
持家但有四立壁
治病不蘄三折肱
想見讀書頭已白
隔谿猿哭瘴溪藤

之藍妹祖雅鑒　祝蘭安 蔡

虞美人

深烟小雨湘帘静，
闲病猜无应。
笑桃将梦不曾醒，
商略共谁系取旧金铃。

鬓华懒向人前说，
镜里花难折。
飞云片片过横塘，
点逗秋情无语问斜阳。

天卓仁兄先生正属
祝南弟詹安泰录旧作

淡煙小雨湘簾靜閒病猜無應笑桃將夢不曾醒商量共誰繫取舊金鈴鬢華懶向人前說鏡裏花難折飛雨片片過橫塘點逗秋情無語閒斜陽

天阜仁兄先生正屬

秋南弟唐安泰采齋上

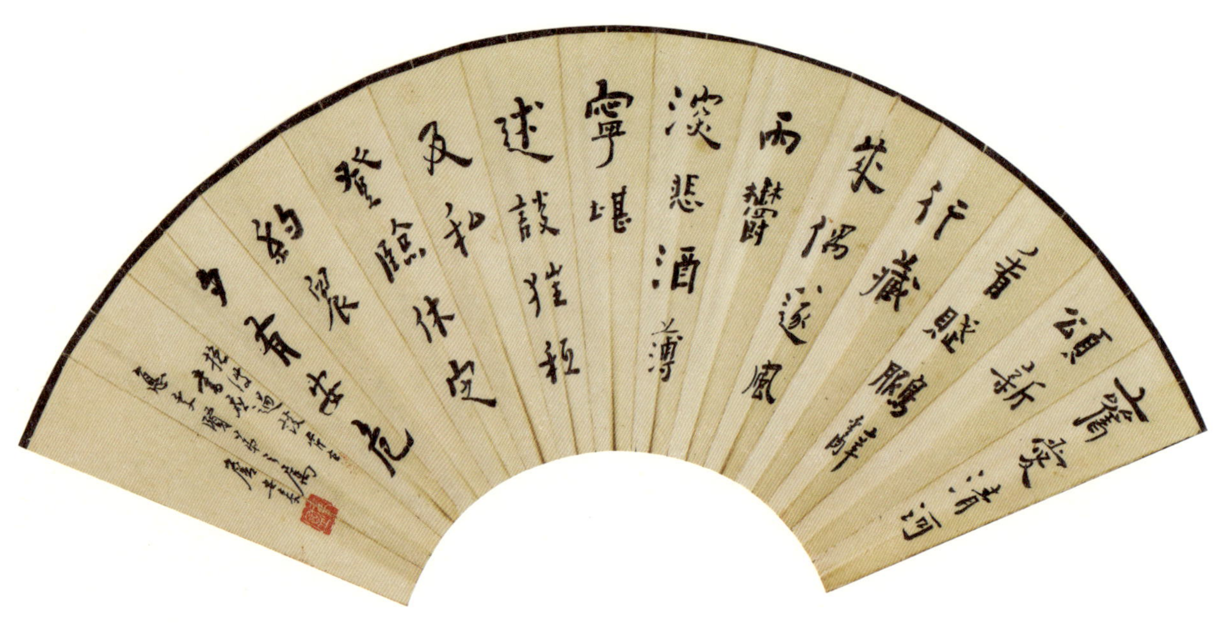

自书诗

旧爱清河颂
新看贱鹏辞
行藏成偶遂
风雨郁深悲
酒薄宁堪述
谈狂秖及私
登临休定约
晨夕有安危

挽波过谈近古
书应
德孚贤弟正属
詹安泰

附录

五十年代在广州与家人合影

詹安泰论书画诗词及题跋

这三十首诗词及题跋是詹安泰对书画的论述，代表其审美观，有一定的思想性。其诗词均从《詹安泰全集》中选出。

为黄君绵家泽题《弱肉强食图》

月黑风骄天倾覆，咆咻啁啾鬼啸哭。
不觉拭汗似出浴，旧闻冻骨毒四煽。
何当同类当珍膳，待放雄图骨节转。
呜呼黄子仁者仁，
走书作画画通神，谁云虎头真痴人？

题 画

润松撑天古须鬣，有约白云千吐纳。
溪红山翠恍相答，巨壑旧闻閟龙卵。
过桥岂真为闲散，待哭华巅嗟哉远。
虎头不痴我先痴，请君更请杨惠之，
补维摩像如枯龟。

题黄宾虹画《勾漏听泉图》

看云蓊蔚意态横，听泉点滴心脾清。
我久勃郁凌肝鬲，因亦不敢看云生。
所思听泉绝壑去，旒铃鸾佩琤琮鸣。
荒城斗大日蝼伏，惜哉胸次空峥嵘。
披图恍见勾漏面，十年一豁昏花睛。
岂必龙楼匹日观，旧闻洞府栖仙灵。
千丈寒藤吊猿母，百里森木嗥狐精。
时缀娇花媚娇鸟，来共风笛流风情。
逐令云关与锁钥，[①]要逐山鬼呼弟兄。
俯仰天地为幕席，醉歌日月相送迎。
迄今宁复纪谁某，当时已自忘形名。
万千色相笑泡幻，留此泉响诗人听。
北流陈子今之英，才力欲与造化争。
少日攀陟饱历览，垂老耳眼犹聪明。
乞黄山翁写成图，为图作跋穷所经。
饷我值热如沃冰，欲赞未赞梦魂萦。
便从大师归大隐，一洗杀伐粗豪声。

①双行夹注“漏洞内有‘云关’二大字”。

题清代名人手迹

闻君诗笔致堂堂，[①]屡赋新篇欲寄将。[②]
忽对高贤亲宝墨，惜无佳句与评量。
多时我亦鹅鸡厌，易代谁思将帅忙。
尚有筹边大计在，休嗟去国寸心长。

①双行夹注“余颇喜书，酬应为劳，不胜烦厌矣”。
②双行夹注“中为张香涛、李步青等与方照轩往还手札”。

东坡书陶诗小楷墨迹丹师命题

平生喜临东坡字，平生喜读东坡诗。
亦犹东坡喜渊明，和诗作字无时离。
昔人论字与诗若，谓必脱俗无丰肥。
我意东坡必不尔，点画肥厚生奇姿。
岂独馒头喻不伦，气韵每每钟王期。
硬黄颠米庸渠偶，妖歌嫚舞真儿欺。[①]
小楷流传世尤罕，敛神八极藏芥微。
凝静中实具情态，粲女含春羞帘帷。
又如孤云当落日，有意无意闲且痴。
须臾拥出团团月，花花世界堆琉璃。
摩挲大可忘肉味，讽咏况复存高辞。
问谁清福得坐享，出自内府归吾师。[②]
吾师博古天下知，广蓄书画盈敦彝。
玩好敢不惜日力，入眼非此难愉怡。
乱来避地居泸渎，赖得神物一扬眉。
神物定有神呵护，不然俗客胡见遗。
因加勘校与题句，抉发秘伏判然疑。
遂令八百年前人，恍若觌面飞峨嵋。
侪辈见之魂颠倒，师寓物耳宁物移。
政犹黄楼楼下水，借以洗耳兼疗饥。
所嗟贱子窜荒徼，虽平生喜末由窥。
何时展拜兵燹后，一洗积闷清心脾？

①双行夹注“东坡《题逸少帖》‘妖歌嫚舞眩儿童’。”
②双行夹注“据丹师考，此墨迹旧藏绍兴府”。

为陈蒙盦运彰题《亭角寻诗图》

蕙风一脉果谁在？昔闻君名想风采。[①]
岂期于我幸见私，往往投报豁我隘。
近闻日涉诗成趣，简齐一老独下拜。
既倩又韩绘之图，复跋其尾志不懈。
堂上枫树看犹生，半粟蜜灰病可瘥。
息影虽局小亭角，游心何妨天地外。
自古仁义多为贼，如此人生宁发喟。
坐听风林响萧萧，定有诗魂来沛沛。
简齐本是杜陵徒，长驱雷霆入病肺。
句律苍瘦态纵横，久踵黄陈开气派。
白鹤矫翼翔青霄，黄河落天走东海。
君家法乳得远绍，何限爬搔同痒疥。
而况书画自敻绝，能以高古行疏快。[②]
手香旧写霜花腴，眼明谁搜海月大。
我今万事不如人，苦掬心肝街头卖。
当春啼鴂伴孤楼，入夜怀人腾百怪。
与君所遭或甚殊，癖好共堪殊，癖好共堪蜀犬吠。
为题此画三作恶，如值凶年割最爱。
安得接席笑开尊，一洗堆胸千烦秽！

①双行夹注“盦为况夔笙弟子，以词名于时”。
②双行夹注“蒙盦兼工书画”。

《呼龙耕烟图》起贤乞题

以其志向缋之图，历有所闻近尤习。
彊村归鹤吾最爱，[①]恍侍高贤勤古汲。
蔡子从我事倚声，十载每妨短景急。
便试呼龙耕烟去，一了冤襟万怪袭。
画自奇逸转清萧，粗服乱头坐亦得。
人生容易眉鬓白，惟愚者始工刻饰。
少弄云水乐无穷，况有清吟伴栖息。

①双行夹注“朱古薇《归鹤图》及彊村《校词图》”。

题旧藏沈周画山水长卷

平生喜画不擅画，薄有家藏供日展。
石田此卷尤奇妙，澹墨秃毫写秋晚。
相映疏林千里明，不着云烟一水限。
近树偃蹇根半拳，远树离立身半断。
略斜红叶见风轻，乍露征鸿觉天远。
亭台小结不二三，中有高人神闲散。
邈然如揖晋宋风，使我顿忘俗虑满。
石田书诗俱卓越，不独画为时冠冕。
乃知晴窗弄笔耳，道通心性非浅短。
拜石襄阳惟其癖，学马子昂何足算。

题戴醇士《竹石图》

相高气韵寓于图，[①] 历古有闻此其一。[②]
文节平生吾所敬，玩赏不足夜继日。[③]
岂徒奇逸为深苍，[④] 中有高人呼便出。
偶得真同明月珠，风味与可虽差殊。
欲起东坡居士问，慰情何似餐花猪。

校记：
①“寓于”原作“绩□”（一字漫漶难辨），后改。
②“历古有闻”原作“历有所闻”，后改。
②“玩”原作“爱”，后改。
③“为”原作“寓”，后改。

廖烈妇丘荷公属题

有烈妇廖耿古光，夫死求子嗣其房。
子得其所殉夫亡，闻之摧裂人肝肠。
妇也不及事姑嫜，以耕以织日不遑。
平生诗书长相忘，何来万丈吐光芒？
呜呼！天以巾帼为纪纲，
丈夫视此乃茫茫，岂独州里扬芳香？

剑器近题《背面美人竹石图》

岁华晚，念挂席沧波人远。弃捐怕同秋扇，暗悲欢。画堂畔，枉几度鹦哥怪唤。鸳衾不成浓暖，卷帘看。　　凄怨，石苔蛩语乱。砖瞰悄步，又瘦倚翠竹教天管。湘弦弹泪到幽泉，纵江月肯明，旧时归雁谁见？黛眉深浅，试一回头，应有离魂寸断。梦中颜色空依恋。

大酺

想一生心，千秋业，终古晴空初旭。虫禽惊绝响，剩辽天孤鹤，响振林木。半死枯桐，不堪徒倚，霜重风骄人独。吟怀看销尽，怪频惊春梦，误传邻曲。更怀远伤高，怨红啼翠，泪花纷触。　　栖迟穷海角。断肠事空抱凄香宿。肯记省兰情水盼，玉宇琼楼，锦书催醉眠还熟。且向痴儿说，凭了却百年歌哭。念头白深灯屋。宫调珍付，多恐哀丝危促。古芬忍临夜读。

题注：为吴君懋题《彊村先生遗墨》，时甲戌十二月，先生下世三年矣。

永遇乐仲琴丈属题陈恭甫旧藏武梁石刻

灵剑飞霜，冤禽啣石，遗恨江表。黄土丹花，青闺红泪，鬼母腾空啸。白衣豪送，头颅轻掷，感慨悲歌燕赵。自当年天留祸水，那关匕椎颠倒。　　愁云万叠，伤心重见，休问舞阳图貌。梁燕巢林，仙娥荷担。①说与旁人笑。古今一梦，山河睡去，裂肚斩袍谁吊。试呼唤英雄画里，听吟变调。

①双行夹注“用《通鉴·宋纪》”。

鹧鸪天题王显诏画册显诏兼精音乐

一角山楼夕照迟，温馨歌板燕莺知。泣花屏镜惊秋瘦，碎楮江城入梦痴。盘月梢，柳烟低，微波何处话通辞。虚堂纲得春魂住，始悔当年学画眉。

天香 丁丑新秋为陈寥士题《单云阁图》

王蕊浮雕，空王浪说，痴肥恼乱人意。梦捣龙鳞，携归湖草，不信孤根无寄。排云愿了，谁省识哀弦激指。愁抱秋衣自忍，时时夜深惊起。　依回露凉似水。碎秋魂瘦红飘坠。何限故宫明月，故年心泪。字筹边未试，算流恨江山总词费。半幅生绡，相看甚世。

湘月 题林青萍母魏氏《夜纺图》

寒灯瘦影，更车声轧轧，为谁辛苦？梦破卅年恩爱重，忍此孤雏无据，画荻伤根，和丸蕴泪，心事纱机诉。佩嬛何限，笑它世上儿女。　长自眉黛青青，放情游冶，一觉惊风雨。多少肝肠酸裂久，只手支撑门户。大地渊沉，妖星画烂，留得生绡古。精灵不爽，故人郑重供护。

前调 丹铭师命题王忘庵花卉图卷

倚栏风骄，笺天语涩，飞光暗触情潮。骨瘦神寒，拜花心愿迢迢。山塘七里经行处，剩迷离烟雨前朝。掩重门，淡月梨花，清魄谁描？　应无人问春深浅，甚衙蜂梦蝶，不上轻绡。清白承平，酬它酒瓮诗瓢。侯门宾客休嗤点，写相思一寸难饶。肯年年，草怨红心，韵咽秋涛。

减字木兰花 希白兄属题所临李长蘅画轴

笔姿苍古，九友高情犹可数。不信迷津，不见孤帆不见人。　风尘澒洞，想象当年真一梦。如此江山，我辈应须放眼看。

齐天乐

玉箫吹断南州雁，清盟俊游何地？海国涛翻，山城绿绕，梦醒月明千里。吟怀似水。又一片边声，怨红啼翠。绝徼相看，醉魂孤剑向谁是？　长安西笑尚隔，古香零乱处，门巷空记。点勘业残，[1]激凉琴筑，别有风云生指。雄心未死。肯泪渍青袍，恨题宫纸。预约荒鸡，浩歌中夜起。

题注：罗元一香林教授兄索题手册，走笔成此。遭世乱离，寸情天远，不觉其言言凄异矣。[2]

①元一精考古，余学诗词。

②《滇南挂瓢集》中题注无“香林”二字。《滇南挂瓢集》中，“觉”下有“乎”字。《滇南挂瓢集》，“点勘业残”句下有“元一精考古”五字。

丹凤吟 高吹万先生属题《风雨勘诗图》

黤黯悲沉何世，废垒烟芜，严城寒掠。谁招仙侣，闲梦水云帘阁。琴尊换了，旧人知否？蠹粉花蟫，解颐灵铎。唤起湘垒万古，暮倚犹妨，残泪分付寥廓。　几度家山念破，老来但觉凋剑萼。痛共青鹃诉，剩殊乡心赏，冰纨凄托。白头吟望，莫说等闲哀乐。最是伤情前社客，尽飘零天各。妒风怨雨，痴傍灯焰落。

台城路 再为高吹王丈题《风雨勘诗图》

书船惯载江南月，吟怀顿随烟雾。闹市孤栖，微凉自忍，还听潇潇风雨。毛笺郑谱。剩粲卷丹黄，一灯无语。　念破家山，断肠何限黍离句。高情怕寻梦去。夜潮流不断，恩怨谁诉？白日西颓，舢棱北望，眼底英雄如许。[1]登楼漫赋。且收拾业残，画图同住。待办归艎，暗愁飞雁柱。

①双行夹注“高丈故家藏书，为社友某师长喉溃卒掠去”。

减字木兰花 题王显诏造像

十年肝胆，一往中人春酒醲。历落须眉，虎气苔花故剑知。　诗情画意，乱树惊乌和泪。逃命何方？剩向荒天吊夕阳。

忆旧游 题陈高汉国栋《半楼印稿》

镇狂涛激枕，瘦石盘云，倦旅年年。未是幽栖客，奈花羞鬓老，梦逐春宽。半楼寄情何处，歌哭总无端。剩片玉玲珑，埋将艳劫，媚与孤欢。　雕肝，倩谁省，尽裹锦封泥，汉简唐笺。准拟摩崖去，怕啼烟鹤警，吊月猿寒。醉瓢久拚同守，名字忍人看。只残社凄迷，心期尽日愁倚兰。[①]

①双行夹注“高汉嗜酒，无日不醉，故篇中及之”。

翠楼吟

叶颤纤柯，烟龙草阁，天涯旧人归未？红桑惊换劫，况飘落寒蟫身世。千花弹泪。对万咽风蝉，长条曾击。歌珠细，串秋心愿，夜灯私试。　便拟，狂浪江湖，问短箫横笛，酒悲何地？月楼沉恨远，几荒乱鸦呼眠起。吴宫燕市。剩冷谷栖香，冰丝调水。瞢腾醉，梦中犹恋，压眉山翠。

题注：显诏为余制《漱宋室填词图》，漫题一解。

台城路

十年望断关山路，情伤去、人归未？瞥眼春空，摇风影瘦，几度斜阳红腻。机丝自理。又古月窥帘，坠欢抉起。百结回文，串将心愿锦纹细。　相逢更谁与问？惊魂零落处，痕染纤指。艳劫长留，奇情不老，千古梦萦佳丽。荒天万里。只一幅生绡，客愁能洗。定有幽灵，试呼图画里。

题注：龙思鹤丈属题《璇玑图》。图为管仲姬书，仇十洲绩。

声声慢 徐倬潘属题其尊甫炽昌先生遗像

孤村黄叶，拳石寒泉，支笻人隐柴桑。旧约能来高情，欲傲羲皇。年时几惊身世，总哀蝉零乱斜阳。回首乍，又花衫、粉面一殿郎当。　一例尘寰今古，算痴儿、差可说与洪荒。坐老青袍，钟鱼敲破严堂。浇愁那须浓酒，看年年桃李门墙。尘梦短，敬南丰何处瓣香？

庆春泽慢

瘦梦长摇，尘根待斩，山堂坐对清潇。凉意丝丝，和烟飞烫眉梢。天涯未是无花草，抱冬心一寸难饶。最关情，弄响柯亭，筛影帘腰。　勤栽好种知谁会？算写云留月，还上轻绡。怕有高人，抽搔万绪曾逃。乱魂分付苔蛩诉，胜新腔宛转无聊。笑沧桑，一例埋名，空认前朝。

题注：图不署名，仅左上角一小朱印，尚依稀可认。丙戌十月，余得之冷摊中。归悬小堂，颇自爱赏。因成此解，以志因缘。

壶中天慢 题黎二樵简山水立轴

江山如画，剩画图无恙，画人知否？草阁茅亭聊结构，壮抱奇情都付。帆影潮声，蕉风岚色，密络骚魂住。闲愁谁管？废笻来往今古。　梦断玉槛瑶梯，哀蛩篱角，忍把相思铸。早是危阑残照里，倚遍乱蝉高树。小坐红棉，长歌水调，还听松梢雨。茶烟轻扬，绿琴痴想添补。

南歌子 为思鹤丈题谢里甫画

不尽沉绵意，贪看栗里图。莳花种树养真愚，失笑人间还读十年书。　旧蓄毫锋健，新来胆气粗。净收天地入吾庐，说似光风霁月汝何如？

台城路 为锡永尊兄题戴醇士画《龙泉寺检书图》

百年心事寒星碎，遗编倩谁重理？三五交亲，枝柯掩映，寻梦龙泉古寺。悲风顿起。似斜日回车，旧炉零涕。不断摩挲，佛云焚箧共珍秘。　灯窗几听夜雨，早骚情各抱，幽愤空寄。派启同光，薪传汉宋，何限骄春桃李？沧桑换矣，剩半幅生绡，十方题记。肯怪来迟，看风流甚世。

题注：据阮伯元图记，道光十七年，伯元与陈颂南庆镛、汪孟慈憙孙、何子贞绍基检程春海恩泽遗书于龙泉寺。翌年，孟慈始嘱醇士作此图。图归寺僧，近方流出。

詹安泰先生年谱

摘自《詹安泰全集》本书略有删减

一九〇二年（光绪二十八年，壬寅），先生一岁

是年十一月二十三日，先生出生于广东省饶平县上饶区新丰乡（现饶平县新丰镇）。名安泰，排行第二，上有一姐。别字祝南，一九二四年、一九二五年间，在广州发表文学家评传时多用此名。自号无庵，多见于诗词创作发表时。早年在饶平新丰，曾用“筱琼楼”自榜书斋，后兼用“无想庵”与“潄宋室”。无想庵？寓“学问之外事不想”之意；“潄宋室”，则可见先生对宋词之偏好。

父詹上珍，字挥琼，时三十岁，一生悬壶济世，乐善好施（据先生长子伯慧所撰之《詹安泰教授的生平与学术成就述略》，以下简称《述略》）。谈及父亲与祖辈，先生有诗云：“我祖潇洒好画图，欲收天地归吾卢。我父性行独仁爱，晚虽精医出于儒。”

母詹钱氏，时三十一岁。育有三男二女。先生于诗《丙戌端午得家电告母病重旋复电至母病得医已减半矣惊喜交集因作》中说起母亲。

一病濒危险，连年独苦辛。
天涯况远别，劫后更难亲。
有子真何益？无谁与疗贫。[①]

慈恩自浩荡，终拟作顽民。
七十今遇五，忧劳古所难。
宁无家国恨，不羡子孙官。
本性钟仁爱，看人惜废残。[②]
犹能歌曲册，于此辨忠奸。[③]
天意真堪据，转危又一年。
呼鸡勤织竹，灌圃引流泉。
群碎身能拄，孱躯老益坚。
终怜儿媳蠢，家教欲要传。[④]
池宽鱼尾赤，山近竹林青。
落日支双杖，养鹅爱白翎。[⑤]
生平零梦集，谈笑一灯荧。
如此团栾乐，离愁不敢醒。

①“余兄弟三人俱寓穗”。
②“吾母薄自奉而多恤废残”。
③“潮人唱本谓之曲册。吾母喜此，邻右交称，每为儿曹讲古事，至老不倦”。
④“客岁六月，亦转危为安，论者谓吾母好施之报”。
⑤“余家前池后竹，父母亲每于夕阳西下时看鹅回舍”。

一九一二年（民国元年，壬子），先生十一岁

先生毕业于启明小学，继续在饶平县高等小学修学。

在《自我检讨报告》中，先生提及：“十一岁时写一首长诗，给宗族中负有重望的‘狮球牧夫’看见了，大加称赏，过两天，把自己的诗稿《仙岩剩唱》两厚册交给我，要我将来替他扬名传世。”

一九一四年（民国三年，甲寅），先生十三岁

先生仍在高等小学修学。开始学填词。

是年，二弟力泰生。

一九一六年（民国五年，丙辰），先生十五岁

八月，先生考进广东金山中学，时称广东省立潮州中学校。

一九二〇年（民国九年，庚申），先生十九岁

七月，先生毕业，回家自修，为继续升学做准备。

一九二一年（民国十年，辛酉），先生二十岁

八月，先生考进广东高等师范文史部。

是年，与邻乡张阑记之女结婚。

一九二二年（民国十一年，壬戌），先生二十一岁

七月，先生因病停学一年，回饶平休养。

一九二三年（民国十二年，癸亥），先生二十二岁

八月，先生到广州，继续在广东高等师范学校修学。

一九二四年（民国十三年，甲子），先生二十三岁

二月，国立广东大学成立（于一九二六年八月改名为国立中山大学），由广东高等师范、广东法律大学、广东农业专门学校合并而成。

六月二十一日，校长邹鲁在原高师礼堂举行就职礼，同时举行原三校毕业生毕业典礼。先生于广东高等师范学校毕业。

七月，先生转至国立广东大学国文学系继续修学，在校期间，修习了外国语、数学、政治概说、体育、历史、地理、伦理学、法制经济、哲学概论、心理学、中国文学史、史传、西洋文学史等课程，还可能另选修其他系的课程。

时有老师李笠，先生言："在广东大学读书时，他是我的老师，后来我任教中大时，他是中文系主任。关系好，过从密。"

李笠（一八九四至一九六二），字雁晴，瑞安人。历任中山、之江、中央、南开、复旦等大学教授。他精研经史，善训诂，著有《史记订补》《殷契探释》《汉书艺文汇注笺评》《文选难字音释》《尔雅字源》《读文心雕龙讲疏》《汉语词汇发展史》等。

十二月，又有老师陈中凡到任，先生言："在广东大学读书时，他是我的老师，对我好，毕业后有书信来往。"

陈中凡（一八八八至一九八二），原名陈钟凡，字觉元，号玄。中国古典文学家。历任东南大学国文系主任，中山大学、暨南大学文学院院长，金陵大学、南京大学教授等职。一九二七年所著《中国文学批评史》是我国第一部文学批评史。

还有同学李冰若，先生"忘年交"，在《哭冰若》一诗中，先生有"静便忆昔共师门，师称学行汝最先。自我结交二十载，屈指无如汝最贤。爱我亲我逾骨肉，悯我疏恢恕我愆。别我赠诗不可计，邀我沪渎相流连。十五年来如一日，我以穷遁汝西迁"之言。后李冰若因思想"左倾"被学校开除，二人书信不断。

李冰若（一八九九至一九三九？），湖南新宁人。曾就读于中山大学。后任上海暨南大学助教、讲师、教授。抗日战争时期在军校任教，约在一九三九年前后病逝于重庆。著有《花间集评注》。

一九二五年（民国十四年，乙丑），先生二十四岁

先生仍在国立广东大学国文学系修学。

十月，陈中凡离开中大。

是年，先生在文科学院季刊第一期上发表《孟浩然评传》一文。

一九二六年（民国十五年，丙寅），先生二十五岁

先生仍在国立广东大学国文学系修学。

四月五日，与李冰若出游。

七月，先生以高师年限毕业于国立广东大学。未取得学士学位。

初毕业时，先生因恐职业发生问题曾挂名国民党党籍，登记之后未加理会。先生自言“非素愿也”。

八月，受韩山师范学院（时称广东省立第二师范学校，位于潮州市笔架山山麓）聘。校长方乃斌，教务主任谢贤明。到校第一学年为国文教员，与妻子张氏在韩师附近租屋同住。

谢贤明（一八八五至一九五二），广东潮安县城人。一九一六年毕业于国立广东高等师范学校，在韩山师范学院任职十六年，多次获省教育厅明令褒奖。后历任金山中学、惠来一中、隆都中学、泰国中华中学、潮安一中校长。先生诗《怀潮中故旧》有言：“卅载优勤甚，严堂守敝袍。门生遍岭峤，日夕撼秋涛。大道存粪溺，世情竞鼓刀。何当更历乱，苦学顽民逃。”

秋，李芳柏到校任教务主任。

李芳柏（一八九〇至一九五九），字渭同，广东潮安凤凰人。一九一七年从东京大学毕业回国，曾先后任教于武昌师范大学、韩山师范学院。早年积极支持反帝反封建的民主革命，“九一八”事变后，支持帮助进步师生进行爱国宣传活动，解放战争期间，曾掩护解放军闽粤赣连纵队的活动。

一九二七年（民国十六年，丁卯），先生二十六岁

先生仍在韩山师范学院任教，为文史教员。

先生妻张氏因病回饶平，遍寻医生医治，但无起色，遂回娘家休养。又一两年，因女方另有所爱，婚姻结束。

五月，方乃斌卸任，谢贤明接任校长。

一九二八年（民国十七年，戊辰），先生二十七岁

先生仍在韩山师范学院任教，开文史、诗词、近代文三门课。

一九二九年（民国十八年，己巳），先生二十八岁

先生仍在韩山师范学院任教，开文史、文字、诗词三门课。

是年，黄海章，先生“平生第一知己”，从金山中学（时称广东省立第四中学）渡江到韩山师范学院看望先生。此为二人初次相见，而相互景仰又在此前。在此后的三年时间里，二人常携手出游，韩江边、古刹旁，听惊涛，赏皓月，发诗思，共酬唱。

黄海章（一八九七至一九八九），字挽波，又名黄叶，广东梅县人。近代著名爱国诗人黄遵宪的后人。中国古典文学著名学者，尤精于《文心雕龙》研究，有《中国文学批评论文集》《中国文学批评简史》《明末广东抗

清诗人评传》《黄叶楼诗》等著作。黄先生博闻强记，到了晚年，一般诗文仍几乎可以过目成诵，上课时，从先秦到近代的各种重要文献依然能随口背出，几无漏误。

一九三〇年（民国十九年，庚午），先生二十九岁

先生仍在韩山师范学院任教，开国文、文学史、美术史三门课。

十月，先生与柯娥仙成婚。柯娥仙，时十九岁，潮州枫溪柯诚记之女，外家祖宅有柳堂。婚后，在潮州城内胶柏街租得五间平过的楼房，院子很清幽，家中陈设简陋，但满目图书，靠右边的最后一间房间为先生书房。之前，先生住韩师单身教师宿舍的一间平房，居室简朴，亦是日坐书城中。

青年时期的先生，衣着朴素，夏天常穿一套丰顺县汤坑产的夏布唐装，着一双潮州郑义成老店的薄衣布鞋，中等身材，清俊潇洒，精神饱满，大有儒者风度。据先生三子叔夏回忆，先生一生多穿长衫，一九五六年校庆侯宝林来中大表演时，还曾找过先生借衣服去表演。

一九三一年（民国二十年，辛未），先生三十岁

先生仍在韩山师范学院任教。开文史、文地史两门课。

七月十日，长子伯慧生。

秋，黄海章回梅县，在梅州中学执教，旋又振铎广西。二老唯有情托鱼雁。

一九三二年（民国二十一年，壬申），先生三十一岁

先生仍在韩山师范学院任教，兼任金山中学高中部教员，为期一个学年。

一月，谢贤明调任金山中学校长，李芳柏接任韩山师范学院校长一职。

元旦，饶锷老人邀石维岩、杨光祖、郭餐雪等诗友，觞集在莼园盟鸥榭，分题征咏，喜结诗社，因本年为农历壬申年，故命为“壬社”，饶锷老人被举为社长。时“先生多用力于词学的研究和创作，作诗不多”，但与壬社成员石维岩、杨光祖等多有酬唱。

石维岩（一八七八至一九六一），字铭吾，号慵石，晚号慵叟。少习举业而独好词章音韵之学。一九一四年于汕头执律师业，余暇以吟咏为乐。与侯乙符、刘仲英师事陈衍（石遗），陈氏誉称“岭东三杰”。担任壬社第二任社长，为潮州诗坛所宗。著有《慵石室诗钞》四卷、《词钞》一卷。先生诗《怀潮中故旧》有言：“一老岿然在，枯居道有真。彰身罗万卷，摇笔动秋旻。入定讵由佛，言愁不为贫。沧桑忽挂眼，何意哭天民。”

杨光祖，潮安诗人。先生常称“杨瘦子”，《怀潮中故旧》中有言：“少贱独多能，贫逾行脚僧。为诗尊瘦折，于古有师承。玩世存微惋，逢人笔冻蝇。一炊真不易，天道果何凭。”

一九三三年（民国二十二年，癸酉），先生三十二岁

先生仍在韩山师范学院任教。

秋，蔡起贤考进韩山师范学院。蔡起贤好学，常常在星期天的时候到先生家读学校图书馆未收藏的书，对书亦爱惜，先生很是欢喜，偶有一两个星期天没到，便会挂电话去唤。同学们托他索求墨宝，先生总是有求必应。与词友的信札也常常拿给他看。

蔡起贤（一九一七至二〇〇四），潮安彩塘人，潮汕知名学者、诗人。

十一月，先生有词《扬州慢·癸酉十月，霜风凄紧，堕指裂肤，念枯萍久羁狱中，悲痛欲绝，用白石自度腔写寄冰若、逸农》。

一九三四年（民国二十三年，甲戌），先生三十三岁

先生仍在韩山师范学院任教。

年初，校长李芳柏因支持进步师生进行抗日爱国宣传活动，以“逆党分子”罪名被国民党逮捕。八月，叶青天接任。

年底，李冰若远贻《宋词十九首》（饮虹曲五种）。为此，先生作词《望湘人》报谢并简卢冀野。

卢冀野（一九〇五至一九五一），原名正坤，字冀野，后自改名卢前，自署饮虹簃主人。师从吴梅学散曲。先后在南京钟英中学及金陵大学、广州中山大学、上海光华大学、四川成都大学等校任教。对古代戏剧作品及乡邦文献的搜集、整理、选编、刊刻贡献很大。

一九三五年（民国二十四年，乙亥），先生三十四岁

先生仍在韩山师范学院任教。

是年，先生多写诗。据《詹安泰诗词集·鷦鷯巢诗》，有《韩山韩水歌寄邵潭秋》《闻瞿禅承焘将有广南之行诗以迎之》等。

四月十六日之《词学季刊》第二卷第三号近人词录收先生《水龙吟·感旧用稼轩登建康赏心亭韵》《扬州慢·癸酉十月，霜风凄紧，堕指裂肤，念枯萍久羁狱中，悲痛欲绝，用白石自度腔写寄冰若、逸农》二阕，推介有言“有无想庵词稿未刊”。

暑假，与二弟天泰出游。先往上海，客秋勾留湖上五日，走访当时在暨南大学的李冰若、龙榆生。后往杭州，拜访夏承焘。

七月十七日，与龙榆生、李冰若茗谈于真茹别墅，定下后湖之游。

七月二十二日，侍斠玄夫子（陈中凡）游湖，时“四山淡漠，一雨霏微，景光凄绝”。《天风阁学词日记》记：

> 七月三十日早，潮州饶平詹祝南兄弟以榆生介过谈，潮州中学教员，词学甚深，饭后培（陪）游虎跑，五时去。以韩退之书白鹦鹉拓本见贻。八月一日早，入城访詹祝南兄弟，携黎二樵字幅、沈石田手卷及王石谷、杨西亭画幅访越园，请其鉴定。小坐即返。詹君词甚工。

此后二人书札往来颇繁，多示诗词新作，有学术论谈。

龙榆生（一九〇二至一九六六），名沐勋，江西万载人。曾用风雨龙吟室等名自榜书斋。为朱孝臧私塾弟子，致力于词学研究。三十年代主编《词学季刊》，并有多种词学著作。

夏承焘（一九〇〇至一九八六），字瞿禅，别号瞿髯，浙江温州人。著名

词学家，其研究最大成就在于开创词人谱牒之学。历任浙江大学（时为之江大学）、浙江师范大学、杭州大学教授，在将近半个世纪的时间里，一直主持东南词学讲席。有《唐宋词论丛》《月轮山词论集》《姜白石词编年笺校》《龙川词校笺》《词学论札》《天风阁学词日记》等著作。

十二月一日，夏承焘接先生信，记有一言："此君极虚心，无粤人习气。"

是年，先生病时曾托年仅十九岁的饶宗颐代授国文课于韩山师范学院（时称广东省立韩山师范学校）。

饶宗颐（一九一七至二〇一八），字选堂，号固庵，先生亦称"饶伯子"。广东潮州人，饶锷之子。久居香港，游学于世界各地。其在敦煌学、甲骨文学取得的研究成果，被公认为填补海外汉学界的扛鼎之作，被誉为"当今汉学界引先路的学者"。先生诗《赠饶伯子二首》写道：

我往过君居，君年十五六。
侍立乃翁旁，崭然露头角。
乃翁富藏书，[①]插架三万轴。
博古而敏求，著述森在目。
越今五六年，乃翁墓草宿。
朋亲叹惋余，喜君传家学。
骥子走追风，雏凤声戛玉。
术业已日专，精力日已足。
行见卓上京，岂惟惊流俗。
在昔君子儒，斫雕以为朴。
亦有用长者驰逐。

良犬不取鼠，良禽善择木。
志尚各千秋，世纷同一哭。
相期在何许，岭月明高屋。
我往所为诗，凝炼诚自喜。
人天未凑合，运斤或伤指。
及今读君诗，如游五都市。
光彩纷四射，无复见俚鄙。
我岂深诗者，貌相政尔尔。
君才实过我，学亦不可齿。
乃者我有疾，乞君代讲几。
高情久不忘，小试何足纪。
君自有可传，可传不系此。

注：

①双行夹注："天啸楼藏书极富。"

一九三六年（民国二十五年，丙子），先生三十五岁

先生仍在韩山师范学院任教。

暑假，曾有广州一行。邵祖平亦因事南下，两位先生客里相逢，畅谈至欢。

邵祖平（一八九八至一九六九），字潭秋，江西南昌人。因家境贫寒未入过正式学校，自学成才，喜欢写诗交友，后从章太炎学小学，又经常与陈散原、黄季刚等名家唱酬，为人所重。先后任教东南大学、之江大学、浙江大学及苏州章氏国学讲习会。抗战时期，入蜀任中央大学、四川大学教授。有《培风楼诗存》，抗战时获教育部文学奖。

五月十二日，《天风阁学词日记》记："按詹祝南函，寄嘉应宋芷湾《红杏山房诗》，并商量注《花外集》。即复一函，寄《乐府补题考》。"《花外集笺注》一书稿成于本年。先生自序中云："顾碧山词，则迄无注本，讵非词林一大憾事哉？余以颛愚，粗闻雅音，于碧山词，嗜之颇笃，研习之余，遇有疑滞，随笑札出。积时既多，割弃未忍，爰为之校注笺释。兹编所录，仅其一部：即专言寄托，间疏名物；其诸彩藻之注释，文艺之批评，有关旨要者，亦为羼入。昔人云：'作者未必然，读者又何必不然。'区区之心，窃本斯义。"后先生据资料另写有《杨髡发陵考辨》一文。

七月，叶青天卸任，先生有诗《赠别叶青天》。李育藩接校长一职。

九月三十日，《词学季刊》第三卷第三号有先生《论寄托》一文。

是年，黄海章应中山大学文学院中文系之聘。

一九三七年（民国二十六年，丁丑），先生三十六岁

先生仍在韩山师范学院任教。

是年，先生诗兴勃发，所做甚多。在与陈中凡的信中，先生云："泰半年来不填词，惟稍稍诵习杜、韩、苏、黄之七古，及宛陵之五古，兴之所至，亦学涂鸦。即春假至今，已得长短古三四十首。诚以泰前写诗患枯瘦，填词患滞涩，欲治此少救其弊也。但此间解人难得，故仍无悟入处。吾师倘可一费清神，为泰指示门径否？"同信，先生有言："顷将年来名师益友诗笺札裱成四册，晨夕展玩，恍如瞻封，颇慰岑寂（自吾师外，如瞿禅、凫公、子建、潭秋等，均甚可观）。此事在泰竟成嗜好，亦不自知其故也。"

潘伯鹰（一八九八至一九六六），安徽人。原名式，号凫公。早年从吴闿生学习经史文词。曾著小说多种，后潜心于诗词及书法，先生言其"工诗，书法图章亦甚精雅"，是近代书坛"二王"书风的积极追崇者之一。国共和谈时曾担任国方代表章士钊的秘书。著有《中国的书法》《中国书法简论》《玄隐庐诗》等。

李葆光，字子建，有《涵象轩集》。

三月五日（农历正月二十三日），长女慧明生。

夏，与锡纯多有往来。锡纯，据蔡起贤先生回忆，乃政界中喜诗之人。

六月六日，与同人饮集潮州西湖，得诗一首。

六月，中山大学研究院文科研究所之《语言文学专刊》有先生诗六首，分别为《游别峰八十六韵》《听陈翠宝唱大鼓词率成长句》《郁郁四首》。

八月三十一日起，日本侵略军的飞机开始轰炸潮汕城镇，日舰亦在潮汕海面频繁袭扰商船和渔船。先生举家避至枫溪。《无庵词》自序云："呜呼！兵火满天，举家避难，尚不知葬身何处。所守此区区，宁非至愚，顾敝帚自珍，贤者不免，余亦不恤人间耻笑矣。随身行李尚有《鷓鴣巢诗》丙丁稿、《花外集笺注》、《宋人词题集录》等稿本。"

是年，先生印《无庵词》，自序云："余志学之年，即喜填词。风晨月夕，春雨秋声，有触辄书，书罢旋弃。三十以后，爱我者颇劝以存稿，积今五年，得百首，亦才十余六七耳。蔡生起贤见而好之，为辑抄成册。"有夏承焘为之题签、李崇纲题词。《无庵词》选词百首，删去的词不下三百，蔡起贤辑成《删余绮语》两册，还曾遍和其中《浣溪沙》二百韵四十首，得先生"颇多隽语，妙年得此俊才也"之评语。

是年，《岭东国民日报》聘先生为撰述，先生有星期论文《士先器识而后文艺论》及《论气节》。半年后不再过问。

一九三八年（民国二十七年，戊寅），先生三十七岁

先生仍在韩山师范学院任教。

年初，先生受一牙科医生牵连，与李芳柏一起因汉奸嫌疑被专员兼潮安县长胡铭藻扣留五天。《天风阁学词日记》该年二月三日记："接祝南汕头枫溪柳堂一月十五函，附来数词，云曾为奸人诬陷，羁押五日，赖地方数十团体担保，始获自由，乱世之路，险巇如此，可畏可畏。"

寄居枫溪，忧国忧民，先生常有凄怀寓于诗词，并寄吴辛旨、夏承焘、陈蒙庵、丘拉因、石铭吾等先生。

吴三立，字辛旨，广东平远人。一九二四年毕业于广东高等师范文史部。一九二六年毕业于北京师范大学国文研究所。先后执教于北京师范大学、北平大学女子文理学院、中法大学、中山大学等校。

陈运彰（一九〇五至一九五六），字君谟，号蒙庵。广东潮阳人。临桂况蕙风入室弟子，工诗词，擅书画。历任上海通志馆特约采访、潮州修志局委员，以及之江文理学院、太炎文学院及圣约翰大学诸院校教授。

丘玉麟（一九〇〇至一九六〇），字拉因，广东潮州意溪人。一九二一年考进广州岭南大学，一九二二年辍学，一九二三年转进北平燕京大学西洋文学系学习，在北大教授周作人的影响下，开始致力于潮汕民间歌谣等的搜集和整理。一九二七年起，执教于潮州金山中学，其间曾于韩山师范兼课。在课堂上宣讲平民文学，课余引导学生广采民间歌谣，并对历年积累的资料加以筛选编注，辑成《潮州歌谣第一集》，于一九二九年交付出版，此为第一本在潮汕发行的歌谣专集。先生诗《怀潮中故友》中有言：

"一债何由见，千忧只起嗟。诗书长在眼，情性恰如花。标格高奇艳，浇肠杂酒茶。何堪魂梦苦，和泪忆袈裟。"

四月四日，夏承焘接先生信，嘱其为《无庵词》及饶宗颐《广东易学》作题签。

四月二十日，先生陪李崇纲将军、吴稚筠老师，偕石维岩、杨光祖、饶宗颐及林青萍等先生游默林湖，得诗一首。

林青萍，潮州诗人。先生诗《林青萍索诗赋此贻之》回忆："林君好肺肠，诗医两所喜。近废诗不读，于医探奥旨……我往与之交，盖由文字始。及我多愁病，君药服即已。我问君胡能，君竟笑相视……"《怀潮中故旧》中先生亦夸："仁爱存天性，朴真出古愚。勤同灶下婢，笑过酒家胡。旧是寻诗客，翻成卖药儒。疮痍看又满，我亦欲悬壶。"

十月，先生由陈中凡教授推荐，以名士身份，被中山大学破格聘为中文系教授（《述略》），继海绡翁陈洵主讲诗词。时文学院院长为吴康。

十月二十一日，日军占据广州，国立中山大学奉命内迁，初迁罗定，十一月改迁广西龙州，在往龙州途中又奉命改迁云南澂江。好友黄海章也因此转回梅县，二人又彼此错过了。

是年，先生回饶平省亲时遇巫琦，其将任汕头市长，想请先生当秘书，先生拒绝。

一九三九年（民国二十八年，己卯），先生三十八岁

三月，先生作《将入蜀示同人》诗五首，欲入蜀从政，石维岩和作中便有"闻道郎君赴西蜀，好寻事迹到东坡。诗人作吏宁今有，词客哀时孰古多"的诗句。后接中山大学中文系聘书，先生弃政从教，又有《余将有滇蜀之行锡纯邀石铭老饯行于湖滨寓邸席次拈杜公知为后会更何地为起句各成一律》一诗。

四月二十六日，《天风阁学词日记》记："接祝南书，言将往中山大学讲诗词。"在韩期间，时与先生书札往来切磋学术的有夏承焘、胡光炜、龙榆生、曹缃蘅、李冰若、唐圭璋、陈柱尊、陈竺同、陈运彰、卢冀野等名学者名教授。先生作品不仅常见于韩山师范院刊《二师周刊》上，还散见于《国闻周报·采风录》《词学季刊》《青鹤杂志》等书刊上。曹缃蘅主编的《采风录》在《国闻周报》上，每期只有一页两版，前面是大名家陈石遗等的诗作，最后就是词，每期只有词一首，先生的词常被采录。

四月九日，先生启程往澂江，绕惠州经香港再转安南（今越南）取道滇越铁路上昆明。临别时，先生把历年讲稿三册及《词学季刊》汇订本等送给蔡起贤，可惜"文革"中被抄去，此后信件不断，即使是在两位先生都被打成"右派"的年月里。先生所书"放开肚量食饭，立定脚跟做人"楹联一直在蔡先生的厅壁上挂着，那是现今所存为数不多先生的墨迹之一。

五月二十二日，《天风阁学词日记》记："接詹祝南香港函，已首途赴澂江。云汕头被炸甚惨。"

六月二日，夏承焘接吴笠信，言先生已到香港，附有致龙榆生笺。

是月底，先生到达澂江。《天风阁学词日记》记："接祝南澂江函，谓竺同接中山大学聘，已抵澂江。祝南谓予如有意南行，彼可至昆明接予，其意可感也。"由昆明至澂江，需先乘一站火车到呈贡，再骑马或坐小毛驴往澂江。

学校已于三月一日开学。文学院包括中国文学系、外国语学系英文组、哲学系和历史学系，分驻城内城外七处地方：城内有文庙、凤麓小学男子部和女子部、玉光楼及观音阁等五处，城外有斗母阁和翠竹庵前寺两处。条件十分艰苦。文学院每星期一有学术报告。

八月，饶宗颐以广东通志馆纂修资格，经先生推荐，受聘为中山大学研究员。饶先生应聘前往，同行还有先生妻女二人。途中，饶先生深入畲族地区做调查，染上恶性疟疾滞留香港，为香港文化界所聘用。先生妻女二人则自行赴滇。长子伯慧留在家乡饶平就读新丰乡启明小学，未随母入滇。

时在澂江，与先生过从较多的有同事罗香林、罗倬汉等。亦有潮籍学生汤擎民考取中山大学，已于春节前后到达澂江，时常到先生家拜访，是年冬，因病先离澂江返粤北。

罗香林（一九〇六至一九七八），字元一，号乙堂，广东兴宁人。历史学家，对汉民族及客家民系研究的贡献极大。一九三二年十月任教中山大学，著有《客家源流考》《客家史料汇编》《客家迁移及分布地图》《唐代之光孝寺》《桂林摩崖佛像》等。一九四九年到香港定居，任教香港大学。一九六六年，他用英语进行"中国族谱研究"演讲，开启当代学术研究新课题之先河。

罗倬汉，字孟韦、干青，澂江时期任教于中山大学师范学院，后未随中大迁坪石而转成都。先生与之多以诗唱和。著有《诗乐论》。

十月十三日，《天风阁学词日记》记："接祝南澂江信，示一词，谓近治声律之学。"

是年前后，李冰若辞世，先生悲痛不已，写下《哭冰若》一诗。对李冰若献身抗日之举，无不解，"喜汝辞去都讲席，得展宏抱济时难。都梁绝句犹挂壁，诗人作吏古争传"。李冰若送有一九三一年版的《宋词三百首笺》一书，先生极爱惜，日不离案，夜不离枕，几乎每页都批上蝇头小楷，亦常托物思人。

先生刊印《滇南挂瓢集》，取意"箕山挂瓢"。相传许由隐居箕山之下、颍水之阳，躬耕自食，以手掬饮。人遗一瓢，挂于树，风吹历历作声，以为烦，弃之。事见明敬虚子《小隐书·许由》。选诗一百首，词一百首。

是年，文学院每星期一都有学术报告。从翌年起每月每一个星期日的下午还有学术讨论会，全体教授、副教授、讲师均参加。

是年，中大教师集体加入国民党，先生亦在其中。当时情况先生所记如下："因学校发来表格，如不入党，必申述理由，否则签名即算入党，故当时同事多数以签名了事。"无任何活动，仅初几个月扣去党费。

韩师时期：

先生有词：《念奴娇·简黄叶海章》《水龙吟·感旧。用稼秆登建康赏心亭韵》《琵琶仙》《声声慢·江亭重到景物都非感赋此阕》《扬州慢·癸酉十月，霜风凄紧，缯纩无温，忆枯萍狱中情况，悲痛欲绝，用白石自度腔写寄冰若、逸农》《减兰》《采桑子·韩山寓兴》《少年游》《惜双双令》《鹧鸪天》《木兰花》《蝶恋花四首·咏事》《忆王孙》《谒金门》《雨中花》《清平乐二首》《水调歌头》《浣溪沙·穷阴凝闷极成歌》《柳梢青》《思远人》《夜行船二首·郭介子笃士，倚此调殊婉丽，余因继声》《归国遥三首·拟花间》《好事秋》《石州慢·甲戌九月信步东津堤上，沙白草黄，寒水流碧，夹岸人家稠密，鸡犬之声隐约可闻。远处山容尤清能见骨，客怀幽郁对此凄然欲涕也。和东山》《前调·怀人有梦寄慨无方再和东山》《天香》《尉迟杯·拉因迪勋招饮乐珍楼，戴月归来，意有所会，因作》《望湘人·李冰若远贻宋词十九首，饮虹曲五种，赋此报谢并简卢冀野》《帝台春》《南浦·岁暮有寄用鲁逸仲体》《二郎神》《剑器近·题背面美人竹石图》《大酺·为美君懋题疆村先生遗墨时甲戌十二月先生下世三年矣》《高阳台·潮安除夜和韩子耕》《鹧鸪天二首·乙亥二月，积雨初晴，胶柏街楼居住》《庆宫春·乙亥三月》《翠楼吟·乙亥清明前三日写寄黄叶》《祝英台近·潮安清明》《淡黄柳》《卜算子慢·北郭感春写寄李冰若与冰若别十年矣》《长亭怨慢·乙亥三月初八日大水冲城，往还阻绝，夜复风雨交作，因篝灯倚此》《渡江云·捡旧簏得丙寅清明同冰若游北郭词惜别伤时百感奔赴即成一解寄冰若真茹》《虞美人二首·暑中雨晴不定闷人欲死，不得不言》《永遇乐·仲琴丈属题陈恭甫旧藏武梁石刻》《蝶恋花六首》《应天长·廿四年七月十七日同龙榆生李冰若茗话真茹别墅时将有湖上之游》《翠楼吟·乙亥新秋登清凉山扫叶楼》《澹黄柳·廿四年七月廿二日，侍斠玄夫子游湖时四山淡漠，一雨霏微，景光凄绝》《水龙吟·得夏瞿禅病讯，倚此慰问兼抒怀。用瞿禅秦望山席上韵》《燕山亭·书感分寄榆生、羊石瞿禅杭州，时廿四年十一月》《凄凉犯·沙洲凤凰台为潮中名胜，绵历千年，游人不绝，余久客凤城不以为意也。顷闻有改建之议乃鼓兴一履其地荒烟蔓草，断瓦颓垣，已不胜其凄黯矣，越日以白石此调谱之》《虞美人》《齐天乐·丙子首春有怀榆生广州》《花心动·有忆》《木兰花慢·春光明媚，不成薄游，坐忆游踪，惟客秋山，留湖上五日，最乐，即赋此解寄瞿禅泳先杭州。用遗山孟津官舍韵》《玉楼春》《鹧鸪天· 题王显诏画册，显诏兼精音乐》《前调·丙子夏旅居广州，邵谭秋、祖平亦因事南下，客里相逢口谈至快，别后赋此却，寄兼简王秘书守诒东山》《一萼红·秋老风高繁声耳，山楼坐对情见乎。词丙子重九前三日》《醉蓬莱·丁丑首春归故山和中仙》《天香·丁丑新秋为陈寥士题单去阁图》《被花恼·和紫霞翁自度曲》《凤楼梧二首》《定风波》《湘月·题林青萍母魏氏夜纺图》《高阳台·病眼迷糊若有所触，即就床沿书此，索解人不易得也》《前调·丹铭命题王忘庵花卉图卷》《徵招·枫溪寄食。倏又经年，好梦成烟，凄怀在水。感兮念旧不知涕涕何从也。书寄吴辛旨三立梧州》《菩萨蛮》《三姝媚·送人之广石》《玲珑四犯·廿四年七月，余自沪之杭访夏瞿禅教授于秦，望山因兴纵游湖上，忽忽周三年矣！大好湖山已非我有。余寄食枫里，瞿禅亦避地瞿溪，寇氛载途清欢难存，并月夜怀思凄然欲涕，因仿白石旧谱倚此寄矍禅》《采桑子》《秋宵吟·秋感》《月下笛·六月十五日夜漏三响，香梦出床，四顾阒然，因移坐阶前绿荫下，皓月当空，暑气顿失，篱根乱蛩声声，如诉怀抱，惜无素心人来共酌酒，一领此幽凄况味也》《长亭怨慢·将离潮安赋饯别诸友》《法曲献仙音·枫溪见蒙庵书词赋报》。

先生有诗：《韩山韩水歌寄邵潭秋祖平》《闻瞿禅承焘将有广南之行诗以迎之》《不算》《赠别叶青天》《郁郁四首》《久思游别峰不果春窗雨夜听娥卿谈别峰胜概怳然有作》《次均潘皃公伯鹰临觞诗》《邵潭秋远贻培风楼诗存作此报谢二首》《次韵潭秋荔湾夜泛》《离乱》《狂飚至黄叶成团飞惟离外秋花犹绰约可念》《为黄君绵家泽题弱肉强食图》《月夜闻萧招石铭老杨瘦子光祖纳凉》《李秃翁冰若自真如寄诗见怀读罢怅惘报以此章》《听歌舞团陈翠宝唱大鼓词率成长句》《游别峰八十六韵》《琴香馆夜听王泽如琵琶、郑祝三筝、吴轩孙胡弦合奏》《和邵潭秋越秀山观红棉歌》《偶成三首》《余嗜茶成癖，或劝以多饮失眠，不改也，戏为长句自解》《南宫李子建先生葆光远贻涵象轩集，作此报谢》《猛淬篇寄赠龙榆生教授》《题画》《锡纯枉赠佳章报以二绝》《夜与锡纯谈诗交子始各别去次日锡纯以诗索和即依韵奉答》《读潘皃公寄示听刘宝全鼓词之作忽忽有感走赋长句却寄》《余素患失眠且不能饮晚来惫极以酒试解遂昏昏入睡一觉已夜半矣走笔二章》《教师节日同人饮集潮州西湖》《奉题陈斠玄师黄山游草即用枉赠原韵二首》《题马慕蘧苏斋遗诗》《卢冀野教授寄示柴室诗赋谢并简李秃翁》《锡纯两度枉访答拜未能诗以寄意》《潭秋秘书寄湘桂纪游诗索评奉题一律》《锡纯出示雨夜诗次韵奉答》《与友人品茗西湖滴翠亭》《寄彭逸农湘潭二首》《上石遗先生》《大风雨二首》《读庄子》《寄陈守玄沪渎》《和答陈寥士一念之作时倭夷正犯我华北也二首》《廖列妇丘荷公属题》《京游追纪二首》《登鸡鸣寺寻胭脂井阻兵不果二首》《不寐》《月夜偕娥卿慧儿乘凉枫溪公路》《苦热》《沟水一首赠杨瘦子光祖》《守玄寄纸索书近作既用报命媵以长句》《苦雨》《寄怀丘拉因玉麟》《风云日紧阻雨不得归郡寓书寄丘拉因》《枫溪困雨寄怀石铭老》《赠王显诏》《陈寥士寄示金华至丽水所得诗三十首，读之神王赋此报谢》《戊寅三月二十日陪李立之将军吴稚筠师石铭老杨瘦子饶伯子林青萍游默林湖分均得晚字》《赠饶伯子二首》《仲英南归同人燕集合群楼分均得不字》《题黄宾虹画勾漏听泉图》《和锡纯月夜泛舟之什并示同游诸子二首》《锡纯续寄泛舟饮酒之作再和二首》《叠韵寄锡纯四首》《次韵答锡纯寄赠》《林青萍索诗赋此贻之》《寥士自沪寄示四十书怀诗索和》《锡纯过访枫溪快谈竟日别后惠诗见怀作此报之》《游宋王台》《游龙泉寺二首》《将入蜀赋示同人五首己卯三月》《留枫溪十日未发》《题清代名人手迹》《余将有滇蜀之行锡纯邀石铭老饯别于湖滨寓邸，席次拈杜公知，为后会更何地为起句，各成一律》。

一九四〇年（民国二十九年，庚辰），先生三十九岁

三月，《新中华》复刊第三卷第六期发先生文《杨琏真迦发陵考辨》。是月，亦见于《语言文学专刊》第二卷第一期，题为“杨髡发陵考辨”，该期刊物还发表李笠、岑麒祥、陈竺同、陆侃如、温丹铭等教授的论文。

四月二十日，《天风阁学词日记》记：“接祝南澂江大学函，示二词。谓夏呋翁有《碧山行实考》，谓草窗长十余岁，宋人称丈，不必依年齿，此说待面询呋翁。”

四月三十日，夏承焘作复，言碧山当长于草窗，夏呋翁说是。

先生刊印《鷦鷯巢诗》，“巢中鷦鷯”还没长大，诗格未成，学无止境。方孝岳于广州为之作序；六月，另有罗倬汉之序。秋，温廷敬有诗《寄题祝南老弟鷦鷯巢诗集即用其题高吹万风雨勘诗图韵》。翌年五月，陈中凡有《题词》。

温廷敬（一八六九至一九五四），又名丹铭，号止斋，笔名讷庵，晚年自称坚白老人。广东大埔人，长居汕头。幼年读经史，甲午战争后，为履行救国志愿，专心钻研西政西学，支持废科举兴新学。一九〇二年与丘逢甲、温仲和等在汕头创办岭东同文学堂，开创粤东办新学的先声。曾任韩山师范学院校长、国立广东高等师范学校讲师、广东通志馆馆长兼总纂（独力负责《人物志》）。其诗作除散佚外，编成集的有十余种，收入诗词一千多首。著作甚丰，编著、校辑的作品有《补读书楼文集》《明季潮州忠逸传》《经史金文证补》《旧五代史校补》《潮州诗萃》《潮州文萃》等共七十余种。

方孝岳，安徽桐城人。一九一八年毕业于上海圣约翰大学，一九二二年赴日本东京大学进修，一九二四年回国。历任北京大学、东北师范学校、广州中山大学教授。早年从事中国文学批评，一九四九年后致力于汉语音韵学研究。

七月二十七日，夏承焘接先生自云南寄去新诗词一册。

据詹伯慧先生回忆，在云南中大期间，除汤擎民外还有几位潮籍学生丘陶常（历史系）、陈叔良（中文系）、方书春（哲学系）、许寄侬（师范）、郑碧珠（中文系）及福建籍的陈必恒（中文系），经常到先生住所品茶求教，共叙乡情。师生感情一直延续到中大迁回粤北坪石以至抗战胜利后回迁广州石牌。

八月，中大迁粤北乐昌坪石镇。文学院设在清洞。先生先返饶平，接长子伯慧同往坪石。后伯慧插班入读广同会馆所办汉德小学五年级。

迁坪石时，先生与钟敬文相识，中大搬回石牌后过往甚密。

钟敬文（一九〇三至二〇〇二），原名谭宗，广东海丰人。曾留学日本。毕生致力于教育事业和民间文学、民俗学的研究和创作工作，贡献卓著，是中国民间文学和民俗学的开拓者和倡导者，现代散文作家。中山大学由云南迁粤北坪石时被聘为副教授，后为教授，一九四一年到文学院任教，直至一九四七年夏因“左倾”思想被当局解聘。

秋末冬初，汤擎民复学，在坪石街东南十里管埠村的师范学院上学，有时逢星期假日到坪石办事，常去看望先生，先生总是亲自动手煮工夫茶热情招待。坪石期间，据詹伯慧先生回忆，有门生陈湛铨潜心跟先生学诗，其寓所与先生近在咫尺，时相过从，师徒感情至笃。后陈先生往香港讲学，赋诗数千首，常有怀念先生之作，中有诗句“百世无吾师弟情”。时亦有学生罗忼烈，“坪石初相谒，山村作学宫。开门唯白水，润尾有新桐。戏论茶烟袅，谈酒浪烘”。

陈湛铨（一九一六至一九八六），广东新会人。字青萍，号霸修、修竹园主。后往香港，有“国学大师”之称，常在电台及香港大会堂设讲座宣扬国学。

罗忼烈（一九一八至?），词曲研究大家，兼涉经史、地舆方志、文字音韵之学。论著丰硕，有《周邦彦清真集笺》《两小山斋乐府》等。历任香港、澳门各大学教授。

是年，先生曾向学校当局推介黄海章往中文系任教，未能如愿。

澂江时期：

先生有词：《玉楼春·香港作》《浣溪沙》《齐天乐·国难日深，客悉如织，孤愤酸情盖有长言之而犹不足者。香港作》《锁阳台·蒙安自沪上寄声存问赋此报谢兼抒近怀，征尘未浣仆御在门，命笔黯然不自知其言之掩抑也》《台城路·为黄丽贞女弟题其母氏遗像。丽贞孤苦零丁，依母长养以至于成人，卜居潮州西湖虹桥东畔，客秋其母病故，丽贞犹掌教汕头聿怀中学也。清明后三日余将有滇蜀之游，途次枫溪，丽贞奉母像乞题率成此解归之。己卯二月》《虞美人二首·旅食澂江，生意垂尽中怀凄郁难已于言。己卯端午前三日》《齐天乐·罗元一香林教授兄索题手册，走笔成此遭世乱离，寸情天远，不觉其言之凄异矣》《壶中天慢·兵火连天，乡音沉滞，分寄渝沪诸友》《菩萨蛮二首》《卜算子》《庆清朝慢·抚仙湖》《琐窗寒·八月十三夜澂江坐雨》《水调歌头·澂江中秋不雨不月，只寒风凄紧，万籁萧骚而已，客中对此难乎其为怀也。偶忆坡公明月几时有词，遂成一解》《踏莎行》《霜叶飞·澂江重九》《蝶恋花四首》《减字木兰花》《更漏子》《菩萨蛮二首》《清波引·游澂江凤山》《探春慢·山城坐守云物皆秋触绪成歌渺兮予情依白石声韵》《念奴娇·送郑国基之任南洋》《莺啼序·冰若客死渝中，余既为诗哭之，忽忽近半年矣！顷者整比旧稿触拨前尘，叹逝伤离益难自已，因复倚觉翁此曲以永余哀。庚辰天穿节后五日》《小重山·偕李品纯全佳游五灵庙》《山亭宴·澂江感春寄呈夏吷庵先生沪渎》《丹凤吟·高吹万先生属题风雨勘诗图》《徵招·澂江春仲用白石自度曲挽蔡孑民先生》《点绛唇》《菩萨蛮》《琵琶仙·昆明大观楼》《台城路·再为高吹万丈题风雨勘诗图》。

先生有诗：《初到澂江作》《抚仙湖》《次均答吴辛旨三立融县寄怀之什》《旅澂一月所怀万端纪以长句》《久不得家书，感梦成咏四首》《寓楼口占》《赠陈竺同教授二首》《澂江绝句》《玉荀峰》《金莲峰》《游翠竹庵》《澂江苦无书读，忽睹宛陵集，大喜过望因题》《出澂江废城登麒麟山，因游东龙潭》《游西龙潭遂登石头山》《潭秋寄示西征诗草赋此报之》《怀潮中故旧》《山居》《秋兴四首和高痦庵二适》《哭冰若》《赠李品纯全佳教授二首》《张葆恒教授索赠小诗率成二律》《次韵高痦庵见寄》《论诗三首斠师命作》《黑云》《答林青萍潮安》《无题三首次刘衡戡韵锡基》《衡戡寄无题诗三首，乞和既次均报之意有未尽，复成四首，余素不喜此亦杜公强戏为吴体类也》《平生一首寄石铭老》《报杨慧甫睿聪香港》《惊闻黄冈失陷黄冈隶饶平》《学诗一首眎湛铨》《寄李沧萍马交》《斠玄夫子寄清晖吟稿属为点定，拜读后敬题五十韵》《报丘汝滨宗华高陂》《楼居二首》《病意》《罗孟韦倬汉教授兄过访山楼，快谈竟日，赋此奉赠》《同程维巧及内人稚女重游东龙潭》《己卯除夜》《庚辰元日》《次均干青倬汉除夕见酬之作二首》《短古呈雁晴师》《干青赠诗受勉甚至赋此报谢》《失题五首澂江作》《杂感寄高痦庵三首》《游昆明翠湖》《傅尚霖博士将离澂江索诗赠别》《绝句二首》《春尽日闻枫溪柳堂被毁》《东坡书陶诗小楷墨迹，丹师命题》《姚秋园先生梓芳七十寿诗》《为吴述华书发寿姚秋老述华秋老孙婿也》《朱梅痴守一将返蜀任军管区秘书临别索诗赋赠》《罗干青之尊人六十双寿》《杨士雄乞诗赠别率成长句》《牢落》《寄友人洛阳》《寄任西岩华翠湖》《赠鲁二默生教授》《赠别朱德孚荣达》《赠别余兆鋆》《吴辛旨屡惠佳章报以长句》《寄刘衡戡翠湖二首》《七月十五夜坐雨有怀邵潭秋成都》《出澂江城西八里访回龙村》《欲归不得郁闷成咏三首》《滇越车中口占六首》《惠州西湖访朝云墓》《高陂途次晤汝滨局长即席赋赠》。

一九四一年（民国三十年，辛巳），先生四十岁

先生仍在中山大学中文系任教。

三月二十五日，《天风阁学词日记》记："接祝南广东乳源县清洞乡函，谓中山大学文学院新迁彼处，臭气熏蒸。与雁晴寻屋，数日不得，暂住大便地地名炮楼上，内地学校，困苦如此。"后搬至莲溪。

四月六日，先生与罗香林、李白华两兄弟出游，自清洞经井水门单竹径罗家祠，最后归莲溪寓所。得词《声声慢》。

夏，因地盘太窄，文学院借用镇东头小山岗铁岭上原铁路局的一些房子做教室。先生亦从清洞搬至铁岭，于附近武江边上渡头街租得一面积二十多平方米的泥屋。进门是厅，厅后用木板隔开的是卧室，卧室后面是厨房。

秋，黄海章经黄际遇介绍，重回中山大学中文系任教。时吴三立（辛旨）亦在坪石铁岭中山大学文学院，三人朝夕相见，相与酬唱，自有一番故人新意。只是皖南事变后，日寇气焰更嚣张，时局更是动荡不安。

十一月二十一日，《天风阁学词日记》记："得詹祝南中山大学航空函，示二词，心叔（任铭善）嫌其词甚费力，诚然，予往年所作亦病此，近乃知自然之妙。"翌日，夏承焘作复，告沪杭词流情状，并附去祭龚词及与雁晴书。

在坪石期间，文学院经常利用纪念周的时间，请有关教授进行学术讲演，先生有《木兰诗》一讲。

在坪石，先生每学期都往曲江三两次。当时曲江是广东省的战时临时省会。是年往曲江时，初晤罗雨山于沈卢，因同饭居士林。

一九四二年（民国三十一年，壬午），先生四十一岁

先生仍在中山大学中文系任教。

二月三日，《天风阁学词日记》记："接詹祝南坪石中山大学函，谓《花外集笺》已脱稿，附来《念奴娇·龚定庵百年祭》及《中国文学之倚声问题》一文。文可札入词例，分析颇精。"《花外集笺注》虽已于一九三六年写成，然一路随先生辗转道路，亦时有订补。

是月，先生有信致陈中凡，言：

湘北屡传警讯，意颇幽郁，遂成长句，奉寄斠玄夫子赐正：

危疑消息露风梢，不道重山复水遥；夏变雨晴天莫测，多生哀怨句谁骄。守残短焰余荒屋，响答霜钟起夜潮；真欲缄书寄乡里，横冈了了见春苗。

地僻常时违节物，山深犹自啼忧嗟；离群盘岭艰羸马，乱日呼天只暮鸦。削稿可堪尊左衽，望台终古筑长沙；聊持气运与人睹，苦楝当门正发芽。

春，初识叶云龙教授，留美经济学家。四月七日，叶教授招饮滨江酒楼。五月九日，先生访叶教授于其西郊寓楼，遂偕赴酒家，黄昏始行别去。二人常茗谈并偕先生门生陈湛铨。

夏，叶教授返衢州，先生有《送元龙还衢州》诗，和作中叶教授提及："祝南亦有意归家。"

农历七月，次子仲昌生。

十二月二十一日，武江寓所失窃。先生得诗一首，诗中有先生师郑晓屏遇贼以礼馈以钱物送之出门贼感泣相戒勿复犯其家之趣事。

十二月三十日，先生有诗《壬午十一月廿三日四十一岁初岁时客坪石》，回忆前半生：

四十一年如电扫，发虽未白齿多落。
健硕腰脚供转徙，零星记忆余崩剥。
读书穷愁算何愚，买牛耕种力渐薄。
我本鄙人家山乡，左右回溪面横塘。
秋风时飘连林叶，白鹇每起搏沙冈。
笑呼逐逐邻童子，捕雀上树鱼入水。
斋中瓷缸养红鲤，鸟笼百十排廊尾。
我祖潇洒好画图，欲收天地归吾卢。
我父性行独仁爱，晚虽精医出于儒。
贱子小时亦了了，壮不如人忽将老。
三步回头五步坐，[1]懒残拟借杜公貌。
自濯肺腑明冰轮，敢视富贵如浮云。
一灯死守羞囊哲，廿年依恋惟山根。
道南道东谁复顾，兰陵老师等尘土。
譬彼男儿爱后妇，宁问织缣与织素？
羊枣昌歜嗜各殊，冻雨颠风神能主。
久慕玉蟏吐清液，悄向铜仙乞坠露。
勤书细字界乌丝，往往煮茶藤一枝。
忍此心魂长寂寞，奚必金石流歌辞。
得意翻怜世病蠹，活活骈头束春笋。
瘦骨嶙峋贫逾奋，尽集秋虫号坏肾。
天跳地踔波飞扬，犀象奔踣蛇蛟藏。
窜避偶然立风露，河清待赋嗟哉长。
苟全性命岂易易，夜梦归见爷娘喜。
知复倚闾都几祀，别家此日真可畏。
况以孱躯犯瘴疠，逢辰狂气未许存。
要看痴肥自今始。

注：

①双行夹注："杜公句。"

是年，王显诏为先生制《漱宋室填词图》，先生有词《翠楼吟》漫题之。余亦有题者，陈寂有诗："无庵琢词过廿载，颠倒二白百不疑。网罗珠玉蔑不有，鞭笞精怪成瑰辞。我祖北宋君未许，我善欧秦君非之。同游最狎论最左，古心古貌非相欺。鹧鸪庵寂虎夜吼，风炉煮茗匡床右。隔户频呼黄叶僧（海章），谭诗喜吐悬河口。风烟忽入武溪水，车轮一夕三千里。勿幕亭前涧道乾，迟我寄诗秋满纸。"

王显诏（一九〇二至一九七三），原名观宝，字严，自称居易居主。广东潮安县城人。一九二三年在上海大学美术专科毕业后，任教于韩山师范学院历三十年，并兼金山中学教员。对美术、诗词、篆刻、书法、音乐、文物均有研究，国画成就尤为突出。一九三二年有《王显诏山水画集》第一册出版，为之题咏者有章炳麟、胡汉民、于右任、叶恭绰等近百人。《八哥》等作品曾在伦敦国际博览会上展出。一九四七年前往新加坡、马来西亚和泰国举办巡回美展，博得各方名家赞赏。

陈寂，中山大学中文系教授。当代诗坛重要诗人，一生致力于诗歌创作，尤工古典诗词，所作近两千首。

一九四三年（民国三十二年，癸未），先生四十二岁

先生仍在中山大学中文系任教。

五月十一日浴佛节，先生偕陈寂及门生陈湛铨茗话江阁。

夏，先生送长子伯慧回饶平上初中。途中于南华寺宿一夜，次日晨步十里登车，得诗一首。大病，于饶平休养直至病愈。《天风阁学词日记》一九四四年二月二十三日记："得詹祝南中山大学信，有词四五首，云去秋大病。"

是年，贵阳师范学校经文友尹硕公介绍欲聘先生为教授，先生未往。

一九四四年（民国三十三年，甲申），先生四十三岁

年初，先生返坪石，仍在中山大学中文系任教。先生于《答和罗雨山见寄癸未腊不尽二日》中注有"时余初病愈来坪石"。

春，有先生暑后赴黔之传闻，失实。

秋，日敌进犯粤北，企图打通粤汉铁路，坪石告急。时局之紧张犹如黑云压城，鲸鲵震溢。

十一月，《中山学报》创刊，有先生《中国文学上之倚声问题》一文。

冬，先生回饶平，寄居百炼冈，在上饶区立初级中学（今饶平四中）授国文课。

黄海章回梅县。陈寂往连州，吴辛旨往平远。

是年，经张世禄、王玉章两位先生介绍做中华国学会发起人。

坪石时期：

先生有词：《声声慢·辛巳清明后一日罗元一李白华两兄约同出游自清洞经井水门单竹径罗家祠归莲溪寓所》《菩萨蛮二首·辛巳六月坪石作》《浣溪沙二首》《蝶恋花·武江始秋寄瞿禅》《忆旧游·题陈高汉国梁半楼印稿》《倦寻

芳·芳华易逝欢事去心慨乎言之不自知其意之谁属矣辛巳九月》《念奴娇·沪上胜流于八月十二日为龚定庵百年祭瞿禅词来约同作》《高阳台·郭介子笃士自蜀中倚声见怀赋报》《翠楼吟·坪石晚春》《减字木兰花·题王显诏造像》《高阳台·武江旅思用蒙庵韵》《绕佛阁·壬午三月偕黄叶游紫霞洞》《翠楼吟·显诏为余制漱宋室填词图漫题一解》《临江仙·皈塘松径》《思佳客·闻杨瘦子光祖客死普宁》《诉衷情》《浣溪沙二首》《卜算子》《临江仙》《前调·秋日山行》《三姝媚·得瞿禅永嘉书却寄壬午仲冬》《齐天乐·壬午冬至前三日和竹屋》《青门引》《木兰花》《浣溪沙四首》《凤箫吟·春意模糊寒风凄厉伤离念远难已于言》《浪淘沙·癸未腊不尽二日》《双双燕·丘陶常李贵兰共事结缡赋赠》《庆宫春·甲申立春阴寒》《点绛唇》《台城路·龙思鹤丈属题璇玑图，图为管仲姬书，仇十洲绘》《鹧鸪天·花朝后二日，碧珠、寄依来访山楼》《南乡子·悼张家璧》《菩萨蛮·甲申清明》《临江仙》《前调·江皋晚步》《鹧鸪天》《前调》《前调·甲申残春》《摊破南乡子·落花》《凤衔杯》《齐天乐·寿燕庭夫子六十生辰》《菩萨蛮三首·怀坪石用蒙庵韵》。

先生有诗：《初到清洞书报罗孟韦成都二首》《为邱瞩云汝滨题古砚》《到清洞一月作》《久不得瘖庵书赋此却寄》《斠师自成都惠贻近照敬题长句》《辛巳清明后一日与友人出游自清洞经井水门单竹径归莲溪寓所》《再答罗孟韦成都四首》《黄田坝舟中与张纯暇林时维快谈竟日二首》《夜与湛铨谈诗，余拈静之一境为诗中高格，湛铨欣然有会，作此贻之》《悼张荩忱自忠将军》《寄黄挽波海章梅州二首》《寄怀石铭老普宁铭老故乡沦陷违难普宁三年矣》《武江寓居八首》《梧叔简招赋此奉报》《妄行》《移家》《不得潘伯鹰书五年矣，顷日瘖庵来诗有简伯鹰之作，读罢惊喜，遂成二律寄瘖庵转达》《负手》《陈孝威将军以酬罗斯福总统诗索和奉报长古》《游南华寺》《闻乱忆香港诸亲友二首》《次韵答罗雨山球秘书》《辛巳十月与挽波游金鸡岭》《避地五首辛巳残冬》《答黄叶并示雨山》《次韵罗雨山同饭居士林见赠之什》《畏寒》《辛巳腊不尽一日坪石初见雪》《明日岁除又作》《湘北屡传警讯二首》《丘拉因玉麟来坪讯近况，书此示之二首》《叶元龙教授兄枉过寓卢谈诗至快率赋长句奉呈》《明日再用前韵》《清明后二日元龙招饮滨江酒楼》《二月廿七日曲江客次喜晤辛旨雨山》《次韵叶元龙教授春雨二首》《雨后病湿疥多日不游山矣》《元龙约偕湛铨茗话坪石餐室二首》《久雨》《四绝句》《简元龙二首》《大水二首敩东野》《初晴》《山斋》《春花一首立夏日作》《答元龙教授兄》《三月廿五日访元龙教授于其西郊之寓楼，遂偕赴酒家，黄昏始行别去，翊日元龙以诗来清逸乃如其人，因次韵奉答》《诗人节怀屈原》《溪头独坐》《上章行严先生》《送元龙还衢州》《追纪庚辰七月金殿之游》《次韵答元龙宁都旅次见寄四首》《坪石赠别毕业诸子壬午四月》《挽罗母舒太夫人雨山之母》《彭伯母张太夫人挽词公奋之母》《壬午六七月间杂书有感》《客偶谈师道，叹息弥襟，遂作此诗，示朱澹园子范时澹园重来教授南雍》《元龙寄示和石公之作，次均奉酬兼呈石公》《雨山寄近诗奉报二律》《冯振心振惠贻自然室诗续集赋此报谢》《寄奉李雁晴师长汀二首》《柬叶元龙尹石公》《循白沙溪出水口书寄罗雨山四首》《丘沧海遗墨为丘瞩云题》《遣怀四首》《寒夜读杜集漫成十五韵》《十一月初七夜武江寓失窃》《壬午十一月廿三四十一岁初度时客坪石》《瞩云示石铭老近作因成长句寄铭老》《次陈青萍湛铨韵二首》《题梁节庵先生遗诗二首》《岁暮杂感六首》《长饥》《遣闷二首》《赠王玉章教授》《寄张辉光》《壬午腊不尽五日》《用前韵于寄辉光三首》《壬午岁除书示挽波辛旨》《挽波出示腊尽诗要余同作》《岁除值雨》《为陈蒙庵运彰题亭角寻诗图》《晚步》《阴雨》《清明》《春尽日初闻蝉书寄孟韦》《浴佛日与陈寂园湛铨茗话江阁》《武江钓书示容元胎肇祖》《十里亭晤阮参议退之》《宿南华寺晨行十里登车》《连平食蜜》《连平山中》《寄挽波坪石》《病中二首》《病起》《答和罗雨山见寄癸未腊不尽二日》《癸未除夕口占》《上元后一日得雨山韶州诗奉酬一律》《晚晴独出》《百鸟》《得慧儿报艺冠其曹成此却寄》《山寮》《正月廿五报陈青萍贵州》《陈寂园出示鱼尾集即书其后》《寄叶元龙重庆》《风寒有作》《读蒹葭楼诗二首》《寄青萍贵阳》《寒夜抽思未竟忽传虎警掷笔茫然翊日成此》《林时雍偕丁沧波庄起翔过访坪石翊日别去赋此却寄》《江干闲步》《花朝日作三首》《自远》《雨望》《春半坐雨》《固庵将赴桂林过访坪石别后寄此》《上巳日独行漫赋》《呼龙耕烟图起贤乞题》《寒食日江楼晚坐偕辛旨寂爰》《甲申清明》《大雨连日聊短述》《荪簃来坪一月谈诗至快将归故里赋此赠别》《残春》《梧叔自洛阳归省后将返任所喜晤韶州赋呈二律》《将赴桂头阻雨不果寄孟韦》《四月廿五夜起作》《雨中闻湘警》《铁岭寓居杂诗十首》《毕业同学饯别互励社赋赠二律》《病起上后园篱中，得癸未秋家居时残稿，当时情状如见不忍弃置，补录于此》《键户》《甲申四月闰四月所作五律》《龙生违难来坪赋赠长句，甲申端午》《报陈寂爰连县》《饶城晤姚文杰兄匆遂别去，文杰先有诗赋，此报之》《郑师许寄示连县纪游诗赋，此报谢》《赤狼行》《百炼冈寄罗雨山吴辛旨、罗孟韦、黄挽波诸子》《题旧藏沈周画山水长卷》《寄吴辛旨平远》《年关》《饶城闻梦真之丧，悲痛欲绝哭之以诗三首》《得挽波梅州诗适闻坪石失陷》《陈历典院长屡惠佳章赋此报之》《逊之教授兄出示祭妻文情见乎辞读之恻楚不能无言》《寄居百炼冈迎月作》。

一九四五年（民国三十四年，乙酉），先生四十四岁

一月，《文史杂志》第五卷一至二期合刊收先生文《论填词可不必严守声韵》。

年初，粤汉线失陷。一月上旬，警报频传，一月十六日，因在农学院粟源堡发现日寇，学校当局发放应变费，通告紧急疏迁。

四月，文学院迁到粤东梅县。先生只身从饶平回到梅县中大，赁居角塘。

七月十二日，三子叔夏生于饶平。因排行老三，又生在夏天，所以有这一名字，而同时，“叔夏”也是词论家张炎的字。

八月十五日，日本宣布无条件投降。

十月，中大师生陆续回到广州。先生先返饶平，初识树木、存玄、业宣、

卓潘诸先生，偕游双龙寺。某日散步时不幸被炸药炸伤，病愈后于翌年与家人同往广州。

十二月一日，学校开学。文学院设在石牌旧址，院长为朱谦之。

梅州时期：

先生有词：《木兰花慢·乙酉三月大学文院东迁梅州赁居角塘，惊魂未定又传风鹤不知来者之何，如今也成一解寄呈雁师龙泉并示瞿禅》《阮郎归》《定风波》《浣溪沙二首》《浪淘沙·夏夜坐月》《浣溪沙二首·五月十五夜角塘坐凉》《鹧鸪天四首·代作》《扫花游·梅州盛暑漫游黄塘时乍雨乍晴，光景奇丽》《声声慢·徐倬藩属题其尊甫炽昌先生遗像》。

先生有诗：《离家一月梅州作》《晦鸣斋主署木远惠诗章情义肫笃奉酬二律》《无题二首》《晚来》《雨后郊行归途遇雨遂憩贻燕楼二首》《偕张逊之张嘉谋两教授游龙岌村踏月归角塘寓所》《梅州龙岌村与丘陶常、许寄侬、郑碧珠夜坐苦楝下，时乙酉端午后四日也，二首》《日来苦热，碧珠、妙娴馈我荸荠麦冬水，谢以长句》《夏夜偕张逊之兄及同学诸子纳凉龙岌村》《哭李德善》《晚步》《树木、存玄、业宣、卓藩诸兄，约游双流寺，正虾夷服罪普天同庆时也，海宇重光，诸兄客寄恐他时无复此乐耳》《存玄、历典、倬藩两兄远道枉访谈诗至快，赋赠长句》《余卧病两旬，火药炸伤存玄、乙穆、倬藩诸兄，数度枉问奉谢长句》《病中口占示诸亲友》《病中杂诗六首》《又作三首》《居觉生正院长七十寿诗代作》《乙酉十二月廿九日途次潮安，同人集大士庵为后山设祭》《丙戌人日潮安寿慵石翁》。

一九四六年（民国三十五年，丙戌），先生四十五岁

先生仍在中山大学中文系任教。

一月三十一日，先生途次潮州，与同人集大士庵为后山设祭。

二月八日，寿石维岩，石先生违难普宁六年，初回故里。

春，先生回校，为中文系二年级学生开有“诗选及习作”一课。住石牌中大教授住宅区辽河路二十六号。

时国统区法币贬值，教工生活艰苦，先生于屋前屋后自种菜，有豆角、白瓜等。先生《教职员履历表》（一九五二年七月十三日填，今存中山大学档案馆）中“在中山大学任教期间，曾先后在中华文化学院、珠海大学及广州法学院兼过课”说的恐怕也是这个时候的事。

虽科研教学生活条件依然很差，但全校师生均报以极大的热情。据胡守仁《九旬老人的回忆》：“当时教师间有两派：潮州派领袖为詹安泰先生，梅县派领袖为钟敬文先生，两派之间，和衷共济；因得推动教学，日有新功，此足以为全国教育界表率者也。”在广州石牌，“雁晴师、静闻兄时时过谈”。文学院钟敬文、阎宗临、朱师辙、严学窘诸教授，常于晚饭后到先生家品茗闲谈。丘陶常、邱世友、黄家教、汤擎民等学生晚辈也常来恭聆高论。每当时针指向八点，茶叙即告结束，教授们各自回去，读书做学问。据詹叔夏先生言，当时先生与任中敏亦多书信往来，切磋学术诗词。

在文中，胡守仁还回忆道："我自国立武汉大学转到国立中山大学，以讲师超迁为老师，或以为非宜。詹安泰先生仗义执言，谓我学有根柢，足以胜任，何必受停年格之限制也。"

阎宗临，一九四六年应聘中山大学，一九四七年二人相识，"相处两年多，过从甚密"。一九五〇年后阎先生离开中大往山西。

朱师辙（一八七九至一九六九），字少滨，号允隐，朱骏声之孙，朱孔彰之子。文字训诂学家、历史学家。民国初年，朱师辙与其父朱孔彰相继任清史馆编修，与名学者缪荃等汇集清代史料，成《清史稿》五百三十六卷，其中《艺文志》有一百多篇出于朱师辙之手。后任北平辅仁大学及中国大学教授。另有《商君书解诂》《和清真词》《黄山樵唱》《清史述闻》等著作。

严学宭（一九一〇至一九九二），号子君，江西分宜人。从事语言文字研究与教学四十多年，涉及音韵学、训诂学、汉语方言和少数民族语言研究等领域，突出贡献主要体现在古代汉语的音韵研究方面。一九四二年任中山大学教授，一九五四年起任中南民族学院教授兼副院长。

时先生亦常在每两月间择一星期假日挥毫。五十年代初，先生所书条幅被选送北京、东京展览。

《文讯》四卷二、三期发先生《论杜诗中之拗律》一文。

为饶宗颐任教广西无锡国专期间，两度入大瑶山，所赋诗结集《瑶山草》，赋古诗《饶固庵出示瑶山草读之神王漫题长句》一首。

暑假，长子伯慧到广州，就读中山大学附中高中部。

秋，熊鲁柯至广州，先生喜，常与谈诗。

十月，先生有词《庆春宫·白云山潮州义庄拜黄任初先生际遇灵柩时丙戌九月》。据蔡起贤先生回忆，先生还为黄际遇纪念集写序。

黄际遇（一八八五至一九四五），字任初，号畴庵，广东澂海市区城北人。著名数学家，兼长文学、书法。一九三五年回广东，历任中山大学文、理、工三院教授。一九四五年十月二十一日，在随理学院由粤北迁回广州途中乘船过清远峡时，不幸失足坠水丧生。时为中山大学秘书长。同年十二月十六日，学校为其举行追悼会。

十一月，先生于一冷摊得《戴文节竹石图》，归悬小堂，颇爱赏。

是年，王力开始担任文学院院长。文科研究所划归文学院，每星期举行一次学术讲演，先生有"词的音乐性""宋词的修辞"等讲题。

是年，经罗香林介绍加入岭东建设协会，任文化教育委员。

年底，门生陈湛铨由贵州回广州，先生喜，多与访旧谈诗。时罗倬汉亦在广州，住石榴岗。

一九四七年（民国三十六年，丁亥），先生四十六岁

先生仍在中山大学中文系任教。

一月三十一日夜，与同人集广州西园，有诗刊之议。

二月，文科研究所分中国语言文学研究所和历史学研究所。先生开始兼任

中国语言文学研究所指导教授，直到一九四九年。

先生填写《国立中山大学教员人事登记表》，表中所任课程及时数一栏填有：诗选及习作三小时，词选及习作三小时。

三月十五日（农历二月二十三日），次女慧玲生。

六月二十三日，张北海邀同人雅集西园，先生与之六年未见。

七月十五日，国立中山大学文学院院刊《文学》第一期出版，刊有先生《无庵说词》一文，并收先生诗十首，分别为《甲申花朝三首》《呼龙耕烟图起贤乞题》《寒食日江楼晚坐偕辛旨寂爰》《甲申清明》《苏簃来坪一月谈诗至快将归故里赋此赠别》《残春》《将赴桂头阻雨不果寄孟韦》《铁岭寓居》；词五首，分别为《凤箫吟·春意模糊寒风凄厉伤离念远难已于言》《庆宫春·甲申立春阴寒》《南歌子·正月十三坐雨有忆》《点绛唇》《台城路·龙思鹤丈属题“璇玑图为管仲姬书仇十八洲绘”》。另刊有吴三立《次韵酬祝南兄》《祝南倒诬字韵答所和诗复次韵奉答》二首，胡守仁《以纸求祝南法书即书其诗见贻》《次韵祝南见和》二首。

九月二十三日，《天风阁学词日记》记：“接詹祝南《无庵说词》一册，在中山大学讲词笔记。”又言及沈祖棻（程千帆夫人）女士《论白石暗香、疏影词》一长文（发于《国文月刊》五十九期），“文谓祝南《论乐府补题》王沂孙龙涎香为指崖山事，较予说以为理宗尸水银者，于义为胜。检时代考之”。

十月十五日，《天风阁学词日记》记：“得詹祝南复，引《啽呓集》及《卫王本末》《癸未杂识》张世杰舟中焚沉香祷天事，解王沂孙《天香·咏龙涎香》。又谓为碧山词笺，以《一萼红》称草窗为丈一事，未得定说，未能脱稿，问古人有称年齿较少者为丈之成例否。予因忆有之，似惟□ □翁称汪精卫为季新丈。”

罗香林任广东省政府委员，拟请先生出任饶平的广东省参议员，先生拒绝。

一九四八年（民国三十七年，戊子），先生四十七岁

先生仍在中山大学中文系任教。秋，先生开有选修课“白石词研究”。

为友人大埔郭汉鸣之《缨溪集》作序。《缨溪集序》一文发表于国立中山大学文学院院刊《文学》第二期，另刊发先生诗二十七首，分别为：《冬至日赴石榴岗访罗孟韦，遂游杜华村，憩村馆小食》《丙戌除夕雨石牌作四首》《丁亥上元二首示静闻》《固庵书讯近况赋此却寄》《正月廿九夜酒集石牌寓舍》《鲁柯见和拙诗念乱忧生情见乎诗章赋长句奉慰》《花朝后一日偕静闻、鲁柯市楼茗话》《黄花节日独理废园怳然有会因作》《丁亥闰花朝不出》《石牌寓居》《一往》《赠张觉任作人教授兄》《赠阎宗临梁佩云夫妇》《岁暮杂诗六首》《岁暮天寒书寄陈蒙庵海上》《挽波过寓斋夜话二首》《新历元日》《种菜》；词十九首，分别为：《庆春宫·白云山潮州义庄拜黄任初先生际遇灵柩，时丙戌九月》《菩萨蛮》《临江仙》《浣溪沙·春雨连日闷极成泳》《鹧鸪天·丁亥三月》《踏莎行》《寒翁吟》《玉京秋》《壶中天慢·题黎二樵山水立轴》《卜算子》《南歌子》《减字木兰花·夜坐有怀瞿禅杭州》《鹧

鸪天·戊子首春三首》《菩萨蛮·甲申清明偕挽波踏青》《临江仙》《前调》《鹧鸪天》《前调·甲申残春》。

叶公绰、黎国廉等拟结词社，五月三十日，张北海在广州北园宴请同人。先生得《醉蓬莱》一词。序中有言："戊子四月廿二日，张北海宴同人于广州之北园。黎六禾季裴，陈颙庵融、胡隋斋毅生诸老宿咸与焉。觥筹交错，行辈浑忘，庄谑杂宣，昔今在抱，爰赋此曲，以志胜缘。生不百年，清欢能几，刻此古音，殆不胜江山零落之感矣。"一时和作甚多，计有黎国廉（季裴）、黄咏雩、张成桂（叔俦）、胡熊锷（伯孝）、张树棠（荫庭）、冯平（秋雪）及刘景堂（伯端）等。此题或为社课首唱，词社先后订出四社课题目，作品在《广东日报·岭雅》上发表。

十月二十九日，先生与黎六禾、胡伯孝、黄咏雩、朱庸斋等先生同游漱珠岗，得词《南乡子》，同《霜花腴·雁来红一名老来娇禾丈词来命同作》一起，均为社课作品。

秋，与黎国廉、胡熊锷、张叔俦、黄咏雩、朱庸斋集广州九曜园。得词一首。

十一月，先生只身回家省亲，途经汕头之潮州修志馆，索看许伟余老师《庶筑秋轩》诗稿，和饶宗颐多有讨论。先生认为许先生是学昌黎而能入能出者，成就很高，可惜僻处海陬，不为更多人所知。时还为蔡起贤等书写屏条，赠蔡先生的乃《河传》一幅。

中文系请朱师辙、杨树达、方孝岳、黄海章及先生等教授轮流每周向学生讲论文材料。

是年，刘显琳未经先生同意在粤穗教授联谊会签了名，后一天才告知先生。此后，仅开过一次会，并有一周末与杨树达在座谈时吃过一次饭。

石牌时期（至一九四八年）：

先生有词：《虞美人·四月十七日过广东建设会颇黎厅南园旧址也》《菩萨蛮二首》《庆春宫·白云山潮州义庄拜黄任初先生际遇灵柩时丙戌九月》《庆春宫慢·题戴文节竹石图，图不署名仅左上角一小朱印尚依稀可认。丙戌十月余得之冷摊中归悬小堂，颇自爱，赏因成此解以志目缘》《浣溪沙·春雨连日闷极成咏》《天仙子》《鹧鸪天·丁亥三月》《踏莎行二首》《水调歌头二首·山中寂处，忽若有悟走笔成此》《塞翁吟·风雨弥天，震撼林野小楼，坐对中心如焚声。为此词勉自敛抑。昔紫霞翁谓此调哀飒戒人，莫为然嚼徵吟宫情各有合择腔应运势难偏废，世有解人当不。余。哂尔。三十六年六月二日》《卜算子·偶感》《苏幕遮·一雨沈绵兼旬苦闷不能无言》《玉京秋·新秋过雨，凉意上楼，心境莹然属思弥永，骚情客感殆不自胜，又不止伤春病酒时也。丁亥七月》《壶中天慢·题黎二樵简山水立轴》《蝶恋花》《南乡子·丁亥中秋后五日夜，诣阎宗临万仲丈寓斋，归有所感，因赋》《梦扬州·十月十一日龙思鹤丈倚声寄怀赋答》《南歌子·为思鹤丈题谢里甫画》《菩萨蛮》《木兰花》《朝中措·乡思》《减字木兰花·夜坐有怀瞿禅杭州》《青门引》《解连环·丁亥岁阑言归不得，感事成咏》《鹧鸪天三首·戊子首春》《谒金门·风和日丽不成散游，偶拈此解》《浣溪沙》《琐窗寒·戊子春尽日雨》

《声声慢·为慈溪洪太完题屺梦图》《醉蓬莱·戊子四月廿二张北海宴同人于广州之北园，黎六禾季裴、陈颙庵融、胡隋斋毅生诸老宿咸与焉觥筹交错，行辈浑忘庄*杂宣昔今在。抱爰赋此曲以志胜缘生不百年，清欢能几刻。此古音殆不胜江山零落之感矣》《三姝媚·重午风雨写寄六禾丈》《河传·禾翁寄示夏夜听雨之作余因继声》《南楼令·长夏偶写寄禾翁叔俦并示朱少滨师辙先生》《前调·于院长右任七十大寿》《八声甘州·登六榕寺塔》《鹧鸪天·和蒙庵》《玉楼春·戊子九日和蒙庵》《西江月·双十节明日重九》《凄凉犯·扬州卞孝萱之母氏李孀居守节，不知书就学邻家以教子以至于成人前古所未有也。孝萱书来乞为词以张之。戊子九月》《霜花腴·雁来红一名老来娇禾丈词来命同作品草描花非所夙尚即其名而写所感必非工于体物矣。戊子杪秋》《南乡子·戊子九月廿七游漱珠岗，同行者黎丈六禾、胡伯孝、黄咏云、朱庸斋》《蝶恋花·去家一月，复来归已不胜今昔之感矣》《临江仙》《氐州第一·戊子杪秋六禾丈约同胡伯孝、张叔俦、黄咏雩、朱庸斋雅集广州九曜园》《蕙清风·十月廿三日寄挽波广州时余回家将一月，眷口犹在广州也》《玉蝴蝶·戊子十月还乡作》《虞美人·夜坐》。

先生有诗：《得慧儿报各地亢旱求神黯然赋此》《饶固庵出示傜山草读之神王漫题长句》《送雨山之官翁源》《丙戌端午得家电告母病重，旋复电至母病是医，已减半矣！惊喜交集因作》《阑干》《遣兴》《答瞩云潮州》《寄熊鲁柯闰同并示孟韦与鲁柯别廿年矣》《明日又寄鲁柯》《题吕晚村东庄吟稿》《潮阳陈召南六十自寿，邮诗索和奉酬一绝》《八月初三夜大风余与内子夏儿均感风寒走笔成此》《丙戌中秋寄存玄倬藩饶平》《秋分日得熊鲁柯诗次均奉答》《静闻谓余诗风略变赋此示意》《重九不出，窗外茑萝盛花，为移植篱下》《散愁四首》《夜坐和鲁柯》《题戴醇士竹石图》《青萍东归喜极赋赠》《连日阴晦与青萍访旧谈诗》《冬至日赴石榴冈访罗孟韦，遂游杜华村，憩村馆小食》《丙戌除夕雨石牌作四首》《丁亥初九夜雨集广州西园二首》《丁亥上元示静闻二首》《固庵书讯近况赋此却寄》《正月廿九夜酒集石牌寓舍》《鲁柯见和拙诗念乱忧生情见乎词率赋长句奉慰》《花朝后一日偕静闻鲁柯市楼茗话》《黄花节日友人群赴黄花岗余独未往自理废园怳然有会因作》《晨起》《茶》《丁亥闰花朝不出》《胡修人守仁惠赠佳章报以长句》《报青萍沪渎》《偶成》《丁亥端午张北海邀同人雅集西园，与北海别六年矣》《得外母逝讯诗以当哭》《夜坐杂写》《石牌寓居》《黄伯轩宰台山同人饯送俱有诗，独余无作，越三月伯轩复来则与梁女士结缡矣。乃并成一诗以贺》《赠阎宗临梁佩云夫妇》《赠万仲文教授兄》《赠别静闻》《罗孟韦过访山楼》《一往》《青萍约赴石榴冈访罗孟韦并食荔枝，连日阻雨不果行，因成此诗分寄青萍孟韦》《新历元日》《迫岁寄无辉》《挽波过寓斋夜话》《种菜》《岁暮天寒书寄陈蒙庵海上》《放晴不出》《岁暮杂诗酉亥六首》《闻圣雄甘地蒙难感赋补录》。

一九四九年（己丑），先生四十八岁

先生仍在中山大学中文系任教。

春，先生与萧锡三等中大若干同事至邹鲁老校长家探望。

七月，兼任中国文学系主任。

七月二十三日凌晨，国民党反动派逮捕了中大一批进步教授和学生。詹先生作为系主任，责无旁贷，四处奔走，设法营救被捕师生。

长子伯慧高中毕业，考入中山大学语言学系，师从王力、岑麒祥等教授专攻语言学。

八月十日，先生有函寄刘景堂，打算去港一行，徐图后计，并附词三阕，分别为《拜星月·七夕和禾丈伯端瑞京》《惜秋华·六禾丈自香港寄示七夕后风雨连宵之什奉和并简伯端叔俦》《齐天乐·奉答禾丈见怀之什并简伯端词长》。

九月底，中秋的前一个星期，先生与汤擎民同行至香港，晤饶宗颐等老朋友，与老词友刘伯端、廖恩焘、黎六禾等在太平山顶、浅水湾等地游玩唱和。逗留六天，十月五日回广州。

十月十四日，广州解放。时，先生住文明路中山大学北斋十三号，之前还曾借住豪贤路六十号门生罗忼烈家中，因市区较为安全。后局势稳定，先生又搬回石牌。

中华人民共和国成立后，中山大学进行了一系列的调整和改造工作，先生亦热情奋发，曾立下“三年不读线装书”之决心，认真研读马克思主义著作和新文艺理论，力图掌握辩证唯物主义和历史唯物主义的观点方法，用以研究中国古典文学。一九五一年致信蔡起贤，言已读文艺理论书籍二百多种。

是年，填有《文教机关旧任公教职工人员登记表》。

一九五〇年（庚寅），先生四十九岁

一月，先生卸任，系主任一职由王起接手，但先生仍辅佐之。秦牧第一次到中文系上课便是由先生接待。此后，与秦牧时常一起喝茶聊天。

五月，有《自我批评》一份。

九月十日，三女慧凡生。

九月十八日，填写《中南区高等学校教师情况调查表》。

一九五一年（辛卯），先生五十岁

先生仍在中山大学中文系任教。是年，下乡土改运动开展得风风火火。

一月五日，先生填写《广东省公私立高等学校教职员概况表》。“担任科目”一栏填有“大学部历代韵文选、习作实习及研究所专家词”。“学术研究”一栏填有：(1)解放前，感于词学、诗学尚无比较完善之著作，曾计划写《词学研究》及《中国诗学》两书，《词学》分十二章，已成《论声韵》《论音律》《论谱调》《论章句》《论意格》《论修辞》《论境界》《论寄托》共八章，约二十万字。《中国诗学》分十章，已成《体制》《韵格》《声律》《意境》《风格》《法度》共六章，约十万字。又笺证白石词及碧山词，均已完稿。(2)解放后，试用新观点新方法编写文稿。编《中国诗选》，已及两宋，每篇均加分析研究及批判；又编写《中国文艺》《思潮小史》，已至两宋，准备本年度完成此稿。本期复着手写创作新论，整分十章：①主题和题材；②材料的吸收和处理；③语言的吸收和运用；④篇章的组织；⑤典型人物的描写；⑥关于背景；⑦动作和对话；⑧想象和高度思想的表现；⑨创作和修养；⑩新现实主义。现仅写成三章，准备今年年底完稿。著作及发明：①已完成之著作：《鷓鹧巢诗集》十卷《无庵词》六卷、《姜词笺释》、《碧山词笺证》、《无庵说诗》、《无庵说词》、《五代两宋诗选》；②未完成之著作：《词学研究》《中国诗学》《两宋名物方言考索》《中国诗选》《中国文艺思潮小史》《创作新论》；③论文：《中国文学上之倚声》（中山学报）、《杨琏真迦发陵考辨》（《新中华》）、《论填词可不必严守声韵》（《文史》）、《谈谈词的隔与不隔》（《文学月刊》）、《曾刚父先生及其蛰庵词存》（《饮河社》）、《论杜诗中的拗律》（《文讯》）、《诗的批评》、《关于词的批判》（均见《论坛》）、《文化类型之情势观》（《每日论坛》）等。

六月十五日，先生加入中国教育工会中大教工会。

十一月二十七日，先生第三次报名参加土改，填写“中山大学员生参加土地改革申请书”。组织上考虑到先生身体状况及经济困难，不予批准。时组长王起的批示如下：“詹先生因过去预支多，又市场欠账多，每月发薪后不够还债，即须向校预支，他这次又和他儿子伯慧共同参加，双方都须准备棉衣，需钱者较多，希望校行政对他的经济困难能特别照顾。身体方面，他的疝气病是遗传性的，冬天特别容易发，在分配工作时，希注意一点。”

十二月十一日，有《土改学习总结》。

是年，先生填有“曾参加反动党团报到登记表”。

一九五二年（壬辰），先生五十一岁

是年，先生始任中大中文系古典文学研究室主任，直至一九五七年卸任。除授课外，先生还开设词学讲座，从事编写教材指导青年教师等工作。

六月，广东地区高等学校教师思想改造运动和“三反”运动相继展开。七月，先生第一次自我批评报告。八月，第二次及第三次自我检讨报告。据苏寰中先生回忆，由于有人举报在一九四九年特务到中山大学在抓人前曾到过先生家，后虽查无实证，但先生因此无法过关。

七月十三日，先生填写“教职员履历表”，任课科目及课程时数一栏填有：“历代韵文选四小时，写作实习二小时。”

七月十九日，先生填写“中山大学文学院中国文系教师填写表格”。

八月六日，先生填写“交代问题登记表”。

八月十五日，填写“干部履历表”。时先生父亲已谢世，所以写“母亲八十一岁，无劳动力，这几个月，我才按月寄回十万元维持她的生活”。

秋，郑孟彤在中山大学中文系毕业后留校当助教，先生自任其指导老师，进修先秦两汉文学史。先生除要求每周随堂听课外，还规定三年内写成先秦两汉文学史讲稿，并要求不能照搬别人的东西，要融汇各家的东西后用自己的语言来表达，对某些章节要有意识地进行研究，提出一些自己的见解，才有自己的特色。讲稿完成后，先生又要求与郑先生合讲先秦两汉文学史的课，特别强调要注意字词句的解释及材料引用的准确性。

下半年，全国高等院校进行院系调整。中山大学、岭南大学、华南联合大学、广东法商学院、广东工业专科学校组合成一所综合大学和四所专门学院，即中山大学、华南工学院、华南农学院、华南医学院、华南师范学院，调整后的中山大学的主体正是原两校的文、理学院以及其他院校的相关科系。原中山大学中文系与岭南大学中文系合并，先生始与容庚、商承祚先生共事。

十月二十一日，中山大学从广州东郊石牌原址迁往南郊康乐村原岭南大学校址，先生随中大搬迁，开始住西南区六十号，后搬至西南区现老干部活动中心东边那座三层红砖房子的三楼。

院系调整之后，学校各院系部分采用苏联高校中译教材，中文系亦开始制订新的教学计划系统讲述文学史，据苏寰中先生回忆，共分近代、上古、两汉、魏晋、隋唐、宋元、明清，用七个学期讲述。古代文学部分，先生安排容庚、黄海章、王起、董每戡、吴重翰等先生分段讲授中国文学史课，自己主讲《诗经》《楚辞》诸章。先生的课，据黄天骥先生回忆："他讲《诗经》，语言表达并不生动，潮州口音又重，但他旁征博引，爬梳剔抉，抽丝剥茧，洞见精微，强烈地吸引着自己，由此爱上了古代文学。"据唐玲玲先生回忆："尤其是讲《楚辞》时，先生以丰富的史料、精辟的见解，滔滔不绝地向学生讲述，再加上他劲隽秀丽的板书，使我每次上中国文学史课都兴冲冲地跑步占领前排座位，留心地静聆先生的教诲，日长月久，逐渐地培养了我对学习古典文学的强烈兴趣。"先生的教学，与其研究一般，既重详细的考据引证，又有理论上的阐述分析，还经常引用历代作家作品进行比较，深入浅出。而先生的板书，更是他教学中不可缺少的一个助手。据多位先生回忆，他们上课总对先生板书很着迷，下了课也舍不得擦去，常常就着先生的板书练字，甚至有其他系的同学因慕名而常来旁听。

一九五三年（癸巳），先生五十二岁

先生仍在中山大学中文系任教。

春，先生与容庚、吴重瀚合作，开始着手编写《中国文学史》（先秦、两汉部分），先生主编。以黄海章编写的一年教完的"中国文学史纲"为讨论底本，另定章节，先生负责第一导论、二中国文学的起源、四诗经、六楚辞、八汉赋、九汉代的乐府歌谣和古诗的编写以及《史记》一章的增润。

三月三十日，先生写定《"诗经"里所表现的人民性和现实主义精神》一文。八月七日，发于《人民文学》七至八期合刊，后又发于《新建设》一九五三年第九期。此文被誉为解放后第一篇试图用马列主义观点方法研究《诗经》并取得卓越成绩的学术论文（《述略》）。

夏秋之间，长子伯慧中山大学语言学系毕业，由国家统一分配到武汉大学任助教。

九月二十日，《天风阁学词日记》记：“得詹祝男（南）中山大学函，问文学史讲稿，即复。”

十月八日，《南方日报》发表先生《伟大的爱国主义诗人屈原》一文。

是年，中央教育部以中南为重点进行第二次院系调整，九月、十月间，第一次院系调整时暂设在中山大学的财经、政治、法律三系分别调入武汉大学、中南财经学院、中南政法学院，武汉大学、广西大学、南昌大学、华中高等师范学院的部分系科则调入中山大学。一九五四年，中山大学语言系由王力率领调入北京大学。

一九五四年（甲午），先生五十三岁

先生仍在中山大学中文系任教。

《长江文艺》一九五四年第一期收先生《关于处理古典文学的一些意见》一文。

五月二十二日，填写“中山大学教师登记表”。表中先生自述：“解放后积极学习新的文艺理论，以新的观点处理中国古典文学并在教学上取得一定成绩，现在研究楚辞和两汉的乐府古诗，先后发表论文□篇，分别登载于《长江日报》《人民文学》《广东文化与教育》《南方日报》《进步青年》，其主要有《从批判武训得到一些体会》《扫除思想障碍彻底改造自己》《谈几句句子的思想性》《关于改卷子的一些经验》《大一写作实习上一些经验与意见》《向革命导师学习运用譬喻的教育工具》《〈诗经〉里表现的人民性和现实主义精神》《关于处理古典文学的一些意见》《学习苏联改进我们古典文学教学》《伟大的爱国诗人屈原》《答最可爱的人》。”

六月，上海新文艺出版社启动编写《中国文学名著选读丛刊》的计划，先生与容庚一起负责诗经部分。郭绍虞、刘大杰主编，顾颉刚编《尚书选注》；游国恩编《楚辞》；朱东润编《左传》；夏承焘与龙榆生编《宋词》。

八月，高等教育部教材编审处出版先生所主编之《中国文学史》（第一卷）。

八月十日，四女慧萍生。

是年，《高等教育通讯》一九五四年第二十期收先生《编写<中国文学史>的一些经验和体会》一文。

一九五五年（乙未），先生五十四岁

先生仍在中山大学中文系任教。

一月九日，《南方日报》发表先生文《进一步挖掘俞平伯研究〈红楼梦〉的错误思想根源》。

二月，先生加入中国作家协会广州分会；加入中国民主同盟，后被推选为第一届广东省政协委员（广东省政协于一九五四年成立）。

是月，先生文《清除胡适反动思想对祖国文学遗产的毒害》发表于《胡适思想批判》第七辑中，六月十五日出版之《中山大学学报》亦收录该篇文章；《批判胡适所谓“科学的方法”及其他》一文发表于《文学遗产》第三十八期。

八月，先生开始撰写《屈原》。一九五三年世界和平理事会号召全世界人民纪念屈原，时介绍屈原的书很多，游国恩的《屈原》精简，郭沫若的《屈原研究》博大，先生的书则“因为要作为一般性的读物，而又想给读者比较深的印象，所以里面不能牵涉许多考证的问题，但又不宜过于简略，有时也提出一些新问题和自己对这个问题的看法”。

是年，先生在中山大学的科学讨论会（一九五四到一九五六年共举行了三次）上宣读了长篇论文《论屈原的阶级出身、政治地位及其在文学上的作用》，并发表在十月二十三日的《中山大学学报》第二期上。

一九五六年（丙申），先生五十五岁

先生仍在中山大学中文系任教。

一月底，先生往上海开文学史会议。一月二十五日《天风阁学词日记》记：“晨朱少滨师澈翁偕詹祝南安泰来。祝南新自广州来上海开文学史会议，二十年不见矣……十时辞去。”

二月，《屈原》一书完成。先生在后记中言：“由于我掌握的资料很少，理论水平又很低，成书的期间也很短促——只是七个月的时间（一九五五年八月至一九五六年二月），这期间内又是‘肃反运动’最紧张的时候，上课、开会相当忙，经常写了几行就搁下去，有时间又再写几行。”

三月，高等教育出版社出版先生主编之《中国文学史》第二卷。

五月二十一日，填写“干部经历表”。

六月十六日，《光明日报》“文艺生活”版收先生《对我国目前古典文学研究工作的意见》一文。

年中，先生往北京参加学术会议，偕黄家教、长子伯慧游天坛。留影一张。

秋，先生开始招收副博士，时中文系招收副博士的还有容庚和王起。

八月五日，《光明日报》发中文系中国文学史教研组《关于李煜及其作品的评价问题》的座谈纪录。

八月二十二日，《光明日报》发先生《就大学文科的教学来谈百家争鸣》一文。

八月二十三日，《南方日报》发先生《谈“百家争鸣”中的编辑工作和领导作风》一文。

八月二十八日，《光明日报》“文学遗产”专刊发陈培治《对詹安泰先生关于李煜的〈虞美人〉看法的意见》，同期先生有答复，此二文掀起了学术界关于李煜词评价的大讨论。《天风阁学词日记》提及当时讨论之热烈：

十二月十九日午后见《光明日报》《文学遗产》，记北师大中文系讨论李煜，否定多于肯定，所引事实多不可信者。

十二月二十六日《文学遗产》今日又载论后主词一文，共有五六篇矣。研究生来，颇望予亦写一篇。

八月，《语文教学》发先生文《关于古典诗词的艺术技巧的一些理解》。

年底，先生被评为二级教授。

是年，有首次本科生论文答辩，先生为古典文学组组长，与王起、董每戡一起主持毕业生的答辩工作，据黄天骥先生回忆，他便是第一个进行答辩的同学。

编年词：《水调歌头二首·纪念孙中山先生九十诞辰一九五六》。

一九五七年（丁酉），先生五十六岁

先生仍在中山大学中文系任教。

一月七日，夏承焘到达广州，参加中山大学科学讨论会，先生甚喜，与夏先生多有会谈并相偕游广州。《天风阁学词日记》记有："八日夕八时祝南来，集季思家，谈李煜词。九日下午参加中文系科学讨论会，学生多问予到未，夕祝南来，示论李煜一长文。十日夕容希白、商锡永、子植、祝南招饮于利口福，旧十三行路，啖顺德客家菜，甚可口。归过希白处，祝南试工夫茶，看希白所藏书画，夜深方归。十一日八时季思导游越秀山、中山纪念堂、镇海楼、广州博物馆。十二日午后一时每戡、祝南邀同仲浦及武昌杨潜斋乘船至海珠桥，乘车至西街陶陶楼茶聚。十三日午后每戡、祝南会谈于季思家。十四日晨与祝南、汪君金光游黄花岗，气魄雄伟，拍一照。走至沙河，吃'沙河'，粉条也。过烈士陵园。午后游荔枝湾，坐舟出珠江至海角红楼折返。十五日离广州。"其间，先生有词《减字木兰花·瞿禅南来喜赋并坚后约五六年冬》，后又有《齐天乐·不与瞿禅倾谈二十年矣客冬南来匆匆别去开岁有忆率赋此调寄杭州并柬仲浦》《水调歌头·和答瞿禅自广州北归见寄之作》，时先生赋笔已不多。

二月二十四日，《光明日报》发先生《读词偶记》一文。

四月，《中山大学学报》一九五七年第一期刊登先生《李煜和他的词》一文；《语文学习》四月号刊先生《谈柳永的雨霖铃》一文；《光明日报》刊发先生《谈谈潮州戏陈三五娘》一文。民国时期，先生曾为广州剧协粤剧编剧讲习会讲过课，讲稿现存于中山图书馆地方文献部。讲稿《诗词的创作与欣赏》分三部分："诗词的格律""本色与文采""欣赏与创作"，讲稿最后先生言："这次剧协的同志交给我几本剧本，我略看一下，觉得本色语多是地方戏的特点。很好。只是有些道白太噜苏些，有些曲文，在高潮的片断也看不出特别精彩，似乎还需要提高。至于有些剧本的内容情节都很好，曲文只是一些散文的写法，连象诗、词的句调都很少看到，这就太粗率了，还得精心琢磨一下。"

四月二十五至三十日，中山大学全体教工、学生停课五天，集中学习党中央和毛主席《关于正确处理人民内部矛盾的指示》，并且决定把这次学习和学校四月初便开始的"再现无产阶级专政的历史经验"的学习结合起来。

五月，《语文学习》五月号有先生《略谈苏轼的念奴娇》一文；《语文教学》五月号有先生《处理古典诗词的一点意见——以曹植〈野田黄雀行〉为例兼及苏轼〈念奴娇〉》一文。

六月三十日，《天风阁学词日记》记："上午季思夫妇、詹祝南、汪金光、苏寰中自广东来，午与南扬、宛春、步奎同邀酌于杭州饭店。闻中山大学指董每戡为'右派'。"先生此次北上，因高等教育部邀请北京、复旦、武汉、中山、山东等大学部分中国语言文学系知名教授集中青岛新新公寓编写汉语言文学专业各主要课程教学大纲，为期一个月。先生与王起各带助手汪金光、苏寰中前往。文学各门课程的编写由游国恩教授主持，詹先生负责《中国古代文学史》中的上古到唐部分。时先生长子伯慧在北大进修汉语方言学，亦作为导师袁家骅教授助手自北京前往。会后先生在长子的陪同下南下上海、南京，还拜访了陈中凡、胡小石、唐圭璋、刘大杰等教授。

七月，上海人民出版社出版先生《屈原》一书。

八月五日，先生由宁沪回到广州后被划为“右派分子”，主要“罪名”有“与董每戡、卢叔度、吴重翰、叶启芳组成反党小集团”“攻击党委制”“主张教授治校”“主张要‘有冤诉冤’”“企图夺取中文系领导权”等。

是月，《中国文学史（先秦两汉部分）》由高等教育出版社作为高校交流讲义公开出版，是解放后出版的第一部中国文学史教科书（《述略》）。

编年词：《减字木兰花·瞿禅南来喜赋并坚后约五六年冬》《齐天乐·不与瞿禅倾谈二十年矣客冬南来匆匆别去开岁有忆率赋此调寄杭州并柬仲浦》《水调歌头·和答瞿禅自广州北归见寄之作》《南歌子·广州京剧团来中山大学访问情甚欢洽走笔赋赠》《减字木兰花·题赠粤剧著名文武生罗品超》。

一九五八年（戊戌），先生五十七岁

年初，中文系处理“右派分子”大会在模范村旁的阶梯课室进行，董每戡教授回乡，吴重翰、卢叔度两位先生被降为数据员，在系图书室做卡片。先生和叶启芳教授留在课堂，降职使用，职称由二级降为四级。三月十五日，有“右派分子定案处理结论书”。

此后，先生每天看书做卡片，将全部精力投入宋词研究中，几乎足不出户，唯每月一两次带着三子叔夏往古籍书店散心。然容庚每次在校道上遇到先生，都主动大声地问好，也常挺身而出为先生说话，给了先生几许安慰。

三月，先生《李璟李煜词》一书经由人民文学出版社出版。

十月初，先生随中文系其他所有同学老师往东莞虎门公社太平镇助建人民公社。先生住在金洲村，与农民同吃同住同劳动。割禾的时候，老师同学都要下田，从清晨到傍晚，有时甚至到深夜。其时“大跃进”的狂热，一浪高过一浪，除田间劳动外，老师、同学们还要四处找铁矿，炼钢铁。下乡期间，先生作有《下乡速写》组词四首：《临江仙二首·虎门公社金洲村一九五八年十月廿三日》《前调·人民公社赞十一月七日》《蝶恋花·十二月十六日》《浣溪沙·十二月十七日》。

十月二十六日，《光明日报》有文《批判“右派分子”詹安泰编注的〈李璟李煜词〉》。

是月，《中山大学学报》第二期有文《揭露詹安泰的伪学者面目及其反动文艺观点》。

十二月二十九日，《光明日报》有文《批驳詹安泰在中国古典文学研究中的非马克思主义观点》。

是年，先生有文《从宋人的五部词选中所看到的一些问题》发于《文学遗产》第四百四十七期上。

一九五九年（己亥），先生五十八岁

一月底，中文系的同学、老师从东莞回到广州。寒假后，开始上课。先生为一年级同学上先秦文学史《诗经》《楚辞》部分。

是年，《离骚笺疏》一书成稿。

编年词：《齐天乐·建国十年大庆喜赋一解》。

一九六〇年（庚子），先生五十九岁

先生仍在中山大学中文系任教。

九月十五日起，广州市民须凭粮票吃饭。到月底，全国各地凭票证供应的商品已达三十多种。

是年，先生因肺气肿住院，据叔夏先生回忆，医生不让先生看专业书籍，先生只能看一些“较硬性”的小说，如《三国演义》《怎么办》《父与子》《水浒全传》等，但还时常让三子叔夏偷偷送些他指定的词话文集，放在枕下偷偷看。每看完一本小说，先生都写有读书笔记。

编年词：《蝶恋花·庚子元日》《清平乐·前词意犹未尽复成一解》《临江仙·六零年国庆后四日偶成》。

一九六一年（辛丑），先生六十岁

先生仍在中山大学中文系任教。

四月，台北广文书局有《评注南唐二主词》一书出版，先生编注。

十一月二十日，先生脱去“右派帽子”，但仍为四级教授。

编年词：《蝶恋花·辛丑元旦试笔（一九六一年）》《临江仙·党生日》《减字木兰花·中山大学卅七周年纪念》。

一九六二年（壬寅），先生六十一岁

先生仍在中山大学中文系任教。秋，先生为一年级研究生开“宋词研究”，编有《宋词研究》讲义。

是年，长子伯慧结婚，携妻陈雅仙回广州探亲。

是年，香港《大公报》艺林专刊收先生《温词管窥》一文，分上下两部分分别刊登于七月二十九日与八月二十五日的报纸上。

是年，蔡起贤先生从英德回来，致信先生，后又因先生问起有无作品，寄来旧考据文章一篇。先生很严谨，因蔡先生的考证中引有徐松的《登科记》，先生翻遍《全唐文》没找到，便去信要蔡先生写明出处，以便对勘。限于当时环境，蔡先生费了很多工夫才有翻看《资治通鉴》的一小会儿机会，在补编部分找出页码和行数，复信与先生。

一九六三年（癸卯），先生六十二岁

先生仍在中山大学中文系任教。春，先生为五年级同学授“宋词选”。秋，为四年级同学授“宋词选”。

年初，《羊城晚报》“晚会”专版刊登先生一系列文章，以“夜读偶记”统之，分别为：一月二日《小谈〈水浒全传〉》、一月四日《朱熹的〈论文〉及其他》、一月十一日《解释苏词的一些问题》、一月十三日《从宋人的五部词选中所看到的一些问题》、一月十五日《从〈桃花源记〉说起》、一月十七日《看古人改稿》、二月一日《也有一些感想》、二月十一日《苏舜钦的“大小言”》、二月二十六日《望文生义》。

六月，《中山大学学报》第一、二期合刊有先生《读毛主席诗词——有关艺术特征的一些体会》一文。

是月，夏承焘收先生《评飞卿年谱》一文入新版《唐宋词人年谱》所附《承教录》。

四月起，《无庵说诗》一文分四部分于四月七日、五月五日、六月三十日及八月四日分别刊登于香港《大公报》“艺林”专刊上。

是年，《学术研究》一九六三年第二期发表先生《简论敦煌曲中的“普通杂曲”》一文。

编年词：《忆秦娥·壬寅除夕广州花市》《梦江南·一九六三年清明福建省茶叶进出口公司开品茶会于广州泮溪酒家赋此奉赠》《台城路·为锡永尊兄题戴醇士画龙泉寺检书图据阮伯元图记道光十七年伯元与陈颂南庆镛汪孟慈喜孙何子贞绍基检程春海恩泽遗书于龙泉诗翊年孟慈始嘱醇士作此图图归寺僧近方流出》。

一九六四年（甲辰），先生六十三岁

先生仍在中山大学中文系任教。

五月三日，香港《大公报》“艺林”专刊收先生文《孙光宪词的艺术特色》。

六月，《中山大学学报》一九六四年第二期学习毛主席诗词专栏有先生《革命的最强音》一文。时，全校掀起学习毛主席诗词热潮，二月十九日，中大教工会举办学习毛主席诗词座谈会，四月二十四日中文系古典文学教研室亦有毛主席诗词学习座谈会。

编年词：《卜算子·一九六四年岁首作》《清平乐·校庆喜赋》《减字木兰花·希白兄属题所临李长蘅画轴》。

一九六五年（乙巳），先生六十四岁

先生仍在中山大学中文系任教。加入广东书法篆刻研究会。

二月，先生文《冯延巳词的艺术风格》分上下两部分别于二月十四日和二十一日刊于香港《大公报》“艺林”专刊。

九月十二日，香港《大公报》“艺林”专刊发先生《谈范仲淹的两首词》。

一九六六年（丙午），先生六十五岁

先生仍在中山大学中文系任教。

一月十六日，香港大学《大公报》“艺林”专刊刊发先生《清新含蓄》一文。

二月，先生《宋词风格流派略谈》一文分上下两部分别于二月二十日和二十七日刊于香港大学《大公报》“艺林”专刊。

五月二十四日，中央政治局常委决定成立项目审查委员会，审查所谓（彭真、罗瑞卿、陆定一、杨尚昆反党集团）问题，通过由陈伯达等人起草，经毛泽东多次修改的中共中央《五一六通知》(以下简称《通知》)。《通知》认为：学术界、教育界、新闻界、文艺界、出版界的领导权都不在无产阶级手里。这次会议标志着“文化大革命”的正式开始。

是年，香港《大公报》“艺林”专刊还刊有先生《简论晏欧词的艺术风格》《本色略谈》《谈文采》等文章。先生嗜茶，在报上发文章拿到稿费，即嘱三子叔夏全部换为茶叶，细细品尝。

冬，先生因淋巴癌住进中山医学院附属肿瘤医院。脖子上的瘤子其实发现得很早，因为先生伏案时常托着腮思考，但医生误诊，等到瘤子从左边蔓延到右边，已经迟了。十二月二十二日（冬至），汤擎民至医院看望，到时，先生正捧着一大碗面条。汤先生询问起病情，先生乐观地说：“就算是癌症，至少也还有三年命。”后来，肿瘤医院不肯继续治疗，只能回家“自疗”，先生腹胀，痛得把席子都扯烂了。

一九六七年（丁未），先生六十六岁

年初，“文革”进行得如火如荼。某日傍晚，先生三子叔夏把先生两大箱书稿拿到楼下“破四旧”，先烧已刊印的手稿，然后是未刊印的，慢慢一张一张地烧，直到在场的红卫兵不耐烦，让拿回去等候处理。焚烧的时候，病重的先生就扒着窗台，一边看一边流泪。先生过世后，有一段时间，詹叔夏每天都偷藏几张在衣服里，带出学校，埋到地下，终是保住了先生的部分心血，可惜《宋词研究》十七章以后的原稿未能留住。

四月初，先生淋巴癌复发，中山医学院附属肿瘤医院不肯收治，只得在中大护养院最高一层觅得一床位住下。先生笑称是“天字第一号”。

四月六日，先生与世长辞，临终前还惦记着把书稿托付给儿子们。先生过世后，夫人及家人被赶至东北区集体宿舍，因为书多，得用两间房。六十年代末，为了更好地保存先生的书，家人把书卖给古籍书店，一元一本。

詹安泰著述年表

詹伯慧 编制　**左鹏军** 增补　本书略有删减

本年表分一九四九年以前与一九四九年以后两部分，按发表（出版）时间先后排列。一九六七年先生逝世后发表（出版）之著述，虽成文时间较早，仍以遗作发表（出版）时间排列。对于发表不止一次之著述，则根据所见知尽量列出，以见先生著作流传情况。个别篇目难以确定出版时间，则只注明刊期及相关情况，酌情置于相应处。宋体字为首次刊发的文章和刊发处，降一格楷体字处为其他刊发处或者说明。

一九四九年以前

《中国文学上之倚声问题》，《中山学报》第2卷第2期。

詹安泰：《宋词散论》，广东人民出版社1980年版。

詹伯慧编：《詹安泰词学论集》，汕头大学出版社1997年版。

吴承学、彭玉平编：《詹安泰文集》，中山大学出版社2004年版。

（该书系“中山大学杰出人文学者文库”之一，下皆同该版）

《孟浩然评传》，《国立广东大学文科学院季刊》1925年第1期。

詹安泰：《古典文学论集》，广东人民出版社1984年版。

《论寄托》，《词学季刊》1936年第3卷第3期。

詹安泰：《宋词散论》，广东人民出版社1980年版。

詹伯慧编：《詹安泰词学论集》，汕头大学出版社1997年版。

吴承学、彭玉平编：《詹安泰文集》，中山大学出版社2004年版。

《无庵词》，线装自印本1937年。

词作结集，选录词七十六题一百首。

《滇南挂瓢集》，线装自印本1939年。

诗词选集，选录诗、词各一百首。

《杨琏真迦发陵考辨》，《新中华》1940年复刊第3卷第6期。

《杨髡发陵考辨》，《语言文学专刊》1940年第2卷第1期。

詹安泰：《古典文学论集》，广东人民出版社1984年版。

吴承学、彭玉平编：《詹安泰文集》，中山大学出版社2004年版。

《再寄罗孟韦》，《文史杂志》1941年第1卷第10期。

《黄田坝舟中与友快谈连日》，《文史杂志》1941年第1卷第10期。

《论杜诗中之拗律》，《文讯》1943年第2、3期合刊。

《论填词可不必严守声韵》，《文史杂志》1944年第3卷第11、12期，1945年第5卷第1、2期。

华东师范大学中文系古典文学研究室编:《词学研究论文集》，上海古籍出版社1989年版。

《论词之唱法》，《新时代月刊》1946年第1卷第2期。

《文学与文学家——从文学的“独自性”说起》，《新时代月刊》1946年第1卷第9期。

《无庵近词》，《文学》1947年第2期。

《文学》为国立中山大学文学院院刊。

《鹪鹩巢近诗》，《文学》1947年第3期。

《无庵说诗》，《文学》1947年第1期。

詹安泰：《古典文学论集》，广东人民出版社1984年版。

吴承学、彭玉平编：《詹安泰文集》，中山大学出版社2004年版。

《诗的批评——中国诗论之一》，《论坛》1947年创刊号。

《词境新诠》，《文教》1947年创刊号。

《无庵说词》，《文学》1947年第1期。

《〈缨溪集〉序》，《文学》1948年第2期。

《论词心》，《子曰丛刊》1948年第1辑。

一九四九年以后

《〈诗经〉里所表现的人民性和现实主义精神》，《人民文学》1953年7、8期。

《〈诗经〉里所表现的人民性和现实主义精神》《新建设》1953年第9期。

詹安泰：《古典文学论集》，广东人民出版社1984年版。

编辑组：《詹安泰纪念文集》，广东人民出版社1987年版。

吴承学、彭玉平编：《詹安泰文集》，中山大学出版社2004年版。

《关于处理古典文学的一些意见》，《长江文艺》1954年第1期。

詹安泰：《古典文学论集》，广东人民出版社1984年版。

《编写〈中国文学史〉的一些经验和体会》，《高等教育通讯》1954年第20期。

《进一步挖掘俞平伯研究〈红楼梦〉的错误思想根源》，《南方日报》1955年1月9日。

《清除胡适反动思想对祖国古典文学遗产的毒害》，《中山大学学报》（社会科学版）1955年第1期。

郭沫若：《胡适思想批判》（第七辑），三联书店1955年版。

《批判胡适所谓“科学的方法”及其他》，《光明日报》1955年1月23日。

郭沫若：《胡适思想批判论文汇编》（第二辑），三联书店1955年版。

《论屈原的阶级出身、政治地位及其在文学上的作用》，《中山大学学报》（社会科学版）1955年第2期。

詹安泰：《古典文学论集》，广东人民出版社1984年版。

编辑组：《詹安泰纪念文集》，广东人民出版社1987年版。

詹伯慧编：《詹安泰词学论集》，汕头大学出版社1997年版。

吴承学、彭玉平编：《詹安泰文集》，中山大学出版社2004年版。

《对我国目前古典文学研究工作的意见》，《光明日报》1956年6月16日。

詹安泰:《古典文学论集》，广东人民出版社1984年版。

《学习苏联文学理论对于我们古典文学教学的一些体会》，文学遗产编辑部编:《文学遗产选集》(第一集)，作家出版社1956年版。

《答陈培治同志》，《光明日报》1955年8月28日。

《李煜和他的词》，《中山大学学报》（社会科学版）1957年第1期。

詹安泰：《宋词散论》，广东人民出版社1980年版。

詹伯慧编：《詹安泰词学论集》，汕头大学出版社1997年版。

吴承学、彭玉平编：《詹安泰文集》，中山大学出版社2004年版。

《读词偶记》，《文学遗产》1958年第145期。

詹安泰：《宋词散论》，广东人民出版社1980年版。

詹伯慧编：《詹安泰词学论集》，汕头大学出版社1997年版。

吴承学、彭玉平编：《詹安泰文集》，中山大学出版社2004年版。

《谈柳永的“雨霖铃”》，《语文学习》1957年4月号。

詹安泰：《宋词散论》，广东人民出版社1980年版。

詹伯慧编：《詹安泰词学论集》，汕头大学出版社1997年版。

《略谈苏轼的〈念奴娇〉》，《语文学习》1957年5月号。

詹安泰：《宋词散论》，广东人民出版社1980年版。

詹伯慧编：《詹安泰词学论集》，汕头大学出版社1997年版。

《处理古典诗词的一点意见——以曹植〈野田黄雀行〉为例兼及苏轼〈念奴娇〉》，《语文教学》1957年5月号。

詹安泰：《古典文学论集》，广东人民出版社1984年版。

《屈原》，上海人民出版社1957年版。

《中国文学史》（先秦两汉部分），高等教育出版社1957年版。

该书主编为游国恩，该部分主编为詹安泰。

《李璟李煜词》，人民文学出版社1958年版。

《温词管窥》（上、下），香港《大公报·艺林》1962年7月29日、1962年8月25日。

詹安泰：《宋词散论》，广东人民出版社1980年版。

詹伯慧编：《詹安泰词学论集》，汕头大学出版社1997年版。

吴承学、彭玉平编：《詹安泰文集》，中山大学出版社2004年版。

《小谈〈水浒全传〉》（《夜读偶记》之一），《羊城晚报·晚会》1963年1月2日。

詹安泰：《古典文学论集》，广东人民出版社1984年版。

《朱熹的〈论文〉及其他》（《夜读偶记》之二），《羊城晚报·晚会》1963年1月4日。

詹安泰：《古典文学论集》，广东人民出版社1984年版。

《解释苏词的一些问题》（《夜读偶记》之三），《羊城晚报·晚会》1963年1月11日。

詹安泰：《古典文学论集》，广东人民出版社1984年版。

《从〈桃花源记〉说起》（《夜读偶记》之四），《羊城晚报·晚会》1963年1月15日。

詹安泰：《古典文学论集》，广东人民出版社1984年版。

《看古人改稿》（《夜读偶记》之五），《羊城晚报·晚会》1963年1月17日。

詹安泰：《古典文学论集》，广东人民出版社1984年版。

《也有一些感想》（《夜读偶记》之六），《羊城晚报·晚会》1963年2月1日。

詹安泰：《古典文学论集》，广东人民出版社1984年版。

《苏舜钦的“大小言”》（《夜读偶记》之七），《羊城晚报·晚会》1963年2月11日。

詹安泰：《古典文学论集》，广东人民出版社1984年版。

《望文生义》（《夜读偶记》之八），《羊城晚报·晚会》1963年2月26日。

詹安泰：《古典文学论集》，广东人民出版社1984年版。

《读毛主席诗词——有关艺术特征的一点体会》，《中山大学学报》（社会科学版）1963年第1、2期。

《从宋人的五部词选中所看到的的一些问题》，《文学遗产》1963年第447期。

詹安泰：《宋词散论》，广东人民出版社1980年版。

詹伯慧编：《詹安泰词学论集》，汕头大学出版社1997年版。

吴承学、彭玉平编：《詹安泰文集》，中山大学出版社2004年版。

《简论敦煌曲中的“普通杂曲”》，《学术研究》1963年第2期。

詹安泰：《古典文学论集》，广东人民出版社1984年版。

詹伯慧编：《詹安泰词学论集》，汕头大学出版社1997年版。

（又被选入《敦煌资料》，1999年版）

《无庵说诗》（四篇），香港《大公报·艺林》1963年4月5日、4月7日、6月30日、8月4日。

《革命的最强音》（“学习毛主席诗词”专栏），《中山大学学报》（社会科学版）1964年第2期。

《孙光宪词的艺术特色》，香港《大公报·艺林》1964年5月3日。

詹安泰：《宋词散论》，广东人民出版社1980年版。

詹伯慧编：《詹安泰词学论集》，汕头大学出版社1997年版。

吴承学、彭玉平编：《詹安泰文集》，中山大学出版社2004年版。

《冯延巳词的艺术风格》（上、下），香港《大公报·艺林》1965年2月14日、2月21日。

詹安泰：《宋词散论》，广东人民出版社1980年版。

詹伯慧编：《詹安泰词学论集》，汕头大学出版社1997年版。

吴承学、彭玉平编：《詹安泰文集》，中山大学出版社2004年版。

《谈范仲淹的两首词》，香港《大公报·艺林》1965年9月12日。

詹安泰：《宋词散论》，广东人民出版社1980年版。

詹伯慧编：《詹安泰词学论集》，汕头大学出版社1997年版。

《清新含蓄》，香港《大公报·艺林》1966年1月16日。

詹安泰：《宋词散论》，广东人民出版社1980年版。

《宋词风格流派略谈》（上、下），香港《大公报·艺林》1966年2月20日、2月27日。

詹安泰：《宋词散论》，广东人民出版社1980年版。

詹伯慧编：《詹安泰词学论集》，汕头大学出版社1997年版。

吴承学、彭玉平编：《詹安泰文集》，中山大学出版社2004年版。

《简论晏欧词的艺术风格》，香港《大公报·艺林》（刊期未详）。

詹安泰：《宋词散论》，广东人民出版社1980年版。

詹伯慧编：《詹安泰词学论集》，汕头大学出版社1997年版。

吴承学、彭玉平编：《詹安泰文集》，中山大学出版社2004年版。

《本色略谈》，香港《大公报·艺林》。

（收入《艺林丛录》第九期）

詹安泰：《古典文学论集》，广东人民出版社1984年版。

《谈文采》，香港《大公报·艺林》。

（收入《艺林丛录》第九期）

詹安泰：《古典文学论集》，广东人民出版社1984年版。

《刘熙载论词品及苏辛词》，《文学评论丛刊》1979年第3辑。

詹安泰：《宋词散论》，广东人民出版社1980年版。

《宋词发展的社会意义》，《学术研究》1979年第3期。

詹安泰：《宋词散论》，广东人民出版社1980年版。

詹伯慧编：《詹安泰词学论集》，汕头大学出版社1997年版。

吴承学、彭玉平编：《詹安泰文集》，中山大学出版社2004年版。

《论意格——词学研究之五》，《暨南学报》（哲学社会科学版）1980年第3期。

汤擎民整理：《詹安泰词学论稿》，广东人民出版社1984年版。

詹伯慧编：《詹安泰词学论集》，汕头大学出版社1997年版。

吴承学、彭玉平编：《詹安泰文集》，中山大学出版社2004年版。

《宋词散论》，广东人民出版社1980年版。

《关于宋词的批判继承问题》

詹安泰：《宋词散论》，广东人民出版社1980年版。

詹伯慧编：《詹安泰词学论集》，汕头大学出版社1997年版。

《读夏承焘先生的“温飞卿系年”》

詹安泰：《宋词散论》，广东人民出版社1980年版。

《关于古典诗词的艺术技巧的一些理解》

詹安泰：《宋词散论》，广东人民出版社1980年版。

詹伯慧编：《詹安泰词学论集》，汕头大学出版社1997年版。

《离骚笺疏》，湖北人民出版社1981年版。

含上编《〈离骚〉笺疏》，下编《〈离骚〉通论》。

《论章句——词学研究之四》，《中山大学学报》（社会科学版）1981年第4期。

汤擎民整理：《詹安泰词学论稿》，广东人民出版社1984年版。

詹伯慧编：《詹安泰词学论集》，汕头大学出版社1997年版。

吴承学、彭玉平编：《詹安泰文集》，中山大学出版社2004年版。

《无庵词　鹪鹩巢诗》，《至乐楼丛书》第二十五种，香港何耀光氏1982年刊行。

《古典文学论集》，广东人民出版社1984年版。

《谈谈怎样对待优秀古典文学》

詹安泰：《古典文学论集》，广东人民出版社1984年版。

汤擎民整理：《詹安泰词学论稿》，广东人民出版社1984年版。

《论调谱——词学研究之三》，《武汉大学学报》（人文科学版）1984年第2期。

汤擎民整理：《詹安泰词学论稿》，广东人民出版社1984年版。

詹伯慧编：《詹安泰词学论集》，汕头大学出版社1997年版。

吴承学、彭玉平编：《詹安泰文集》，中山大学出版社2004年版。

《詹安泰纪念文集》，广东人民出版社1987年版。

编辑组编。

收录《詹安泰诗选》中诗四十四题六十九首；收录《詹安泰词选》中词三十九题四十一首；收录《詹安泰论文选》中《〈诗经〉里所表现的人民性和现实主义的精神》《论屈原的阶级出身、政治地位及其在文学上的作用》《宋词发展的社会意义》三篇论文。

《花外集笺注》，广东人民出版社1995年版。

蔡起贤整理。

《詹安泰词学论集》，汕头大学出版社1997年版。

詹伯慧编。

《屈原与离骚》，暨南大学出版社2002年版。

《詹安泰诗词集》，《名家翰墨丛刊》，翰墨轩出版有限公司2002年版。

《詹安泰文集》，中山大学出版社2004年版。

吴承学、彭玉平编。

《〈花外集笺注〉自序》，《花外集笺注》，广东人民出版社1995年版。

蔡起贤整理。

吴承学、彭玉平编：《詹安泰文集》，中山大学出版社2004年版。

《〈无庵词〉序》，《无庵词》（1937年自印本）卷首。

吴承学、彭玉平编：《詹安泰文集》，中山大学出版社2004年版。

《论声韵》，《詹安泰词学论稿》，广东人民出版社1984年版。

汤擎民整理。

詹伯慧编：《詹安泰词学论集》，汕头大学出版社1997年版。

吴承学、彭玉平编：《詹安泰文集》，中山大学出版社2004年版。

《论音律》，《詹安泰词学论稿》，广东人民出版社1984年版。

汤擎民整理。

詹伯慧编：《詹安泰词学论集》，汕头大学出版社1997年版。

吴承学、彭玉平编：《詹安泰文集》，中山大学出版社2004年版。

《论修辞》，《詹安泰词学论稿》，广东人民出版社1984年版。

汤擎民整理。

詹伯慧编：《詹安泰词学论集》，汕头大学出版社1997年版。

吴承学、彭玉平编：《詹安泰文集》，中山大学出版社2004年版。

《〈离骚〉通论》，《离骚笺疏》，湖北人民出版社1981年版。

原为《离骚笺疏》之下编。

吴承学、彭玉平编：《詹安泰文集》，中山大学出版社2004年版。

《论诗六首》，吴承学、彭玉平编：《詹安泰文集》，中山大学出版社2004年版。

《屈原与离骚》（增订版），暨南大学出版社2010年版。

詹安泰故居

詹安泰故居“润丰楼”位于广东省潮州市饶平县新丰镇丰联社区。始建于清道光年间，呈圆形，结构紧凑，小巧玲珑，楼外围还建有芸香亭、华咢斋、司马第、儒林第、调琴斋、广业轩、明园等一批古建筑群。这里人杰地灵，英才辈出，是最富有书香气息的饶北客家土楼。虽历经沧桑，但至今保护较为完好，具有较高的历史、艺术和科研价值，于2002年7月被广东省人民政府公布为省级文物保护单位。

詹安泰广场

后记

詹安泰先生的故乡在风景如画的饶平，这里人杰地灵，英才辈出。二十世纪初中叶，饶平出了两位著名学者、文化名人，一位是我国思想文化界的风云人物、著名哲学家张竞生博士，另一位便是国学大家詹安泰先生。

詹安泰先生一生瘁力于国学研究，其治学的道路和人生际遇在他那一辈人中具有一定的代表性和典型性，他在文学理论、古典文学、诗词等领域均有杰出的成就，著作甚丰。这与他既有传统的深厚功力同时又受五四新文化运动的影响和熏陶是分不开的。其无意做书家而成一代大书家，更是为书法艺术界所瞩目。

在二十世纪的反右派斗争和“文革”中，詹安泰先生也像许多其他正直而有才华的学者一样，遭受了不公平的待遇，尤其是在他人生晚年的最后十年间，忍受着精神和肉体的双重折磨。然而，尽管生活在悲愤和抑郁之中，尽管命运对他如此不公，他仍发奋读书，著书，寄情书法。在艰苦煎熬的岁月中，完成许多学术成果，为后世留下了丰厚的文化遗产。虽然最后孤独、无助、凄凉，带着遗憾离开他眷恋的人世，但他留下的文字铸就了一座没有墓志铭的丰碑。吴南生同志在《詹安泰纪念文集》中撰联曰“岭海芳型垂永久，诗人风范在人间”，高度评价了他的一生。

丁酉春暮，广东省书法家协会拟为已故的詹安泰等五位德高望重的老书法家出版个人专辑，举办专场展览和学术论文征集活动，省书协主席张桂光老师打电话对我说:“詹安泰是你们潮汕人，你来为他写一篇文章，意义更大！”我听后欣然应承，觉得这是一件非常有意义的事情，便写了《学者书家詹安泰》一文。二〇一八年八月由省文联、省政府文史研究馆、省书协等单位联合在广州美术馆举办“岭南墨妙——詹安泰、佟绍弼、何绍甲、卢子枢、麦华三书法展”，同时出版书法专辑、论文集，举办学术座谈会。这类活动在广东书坛尚属首次，展事轰动一时。

记得二〇一八年初夏的一天，我在与詹安泰的家乡人谈论詹安泰先生时说过：“詹安泰先生是饶平继张竞生之后的又一著名文化人士，他既是学者，又是著名的书法家，可惜他留下来的书法作品不多。”此话引起了听者的关注，过后他们向我表达了乡贤们有意集资出版一部纪念詹安泰作品集的想法，也为即将落成的“詹安泰学术研究馆”做一件有意义的事情。于是就有了《学者书家詹安泰》一书的问世。

本书编纂过程中，中国书法家协会原副主席、中山大学博士生导师陈永正教授题写一阕《减字木兰花》：“天南望绝，要眇词心清如雪。断梦春残，书叶题花忍泪看。素襟孤月，流照幽光长不灭。纸上留痕，莫与分明论怨恩。”中国书法家协会理事、广东省书法家协会主席、华南师范大学博士生导师张桂光教授也有题词“书坛射雕手，词学大宗师”。两位书坛大家的题词，是对詹安泰先生的深情怀念和高度评价，为本书增色不少！

收集詹安泰书法作品的过程中，费了不少精力。感谢广东省文联副书记洪楚平先生和饶北乡亲詹朝冠校长、詹江源先生等提供的作品。收集到之前刊登和新征集的文章若干篇，在此也对作者一一表示谢忱。本书顺利付梓，承蒙厦门大学出版社、韩山师范学院、饶平县新丰镇人民政府等单位和詹安泰先生家乡热心乡贤们的大力支持和帮助，本书编纂过程中还得到学者徐晋如先生的赐教和指点，在此一并致以深深的谢意。因时间仓促，水平有限，本书尚存诸多不足之处，有待读者批评指正。

谢佳华

戊戌晚秋于沂园

谢佳华

中国书法家协会会员
广东省书法家协会理事
汕头市书法家协会主席
汕头市书法研究院院长

出版著作：

《沂园笔记》（获第五届冰心散文奖，汕头大学出版社）
《谢佳华书法作品集》（岭南美术出版社）
《反思中国书法》（与华旭合作，厦门大学出版社）
《沂园笔记（上）——汉画像砖题跋作品集》（湖北美术出版社）
《沂园笔记（下）——文论书迹》（湖北美术出版社）
《行书第一课》（与华旭合作，厦门大学出版社）
《学者书家詹安泰》（厦门大学出版社）

顾　　问：詹伯慧

主　　编：谢佳华

编　　辑：周晓东　赵松元

编　　委：刘邦爆　刘基青　刘海景　张辉旋　张少英
邱胜利　郭章才　詹金銶　詹水坤　詹玉湘
詹炳然　詹成养　詹必富　詹延遵　詹增发
詹伟达　詹正茂　詹景欢　詹天津
（按姓氏笔划排列）

策　　划：张少英　詹正茂

校　　对：张少英

策划设计：禹策劃 yugi planning

鸣谢单位：

韩山师范学院詹安泰研究所
饶平县新丰镇人民政府
广东省饶平商会
深圳市饶平商会
粤东詹氏文化经济交流协会
广州詹氏联谊会
深圳詹氏联谊会
饶平县饶北教育促进会
饶平苏区文化研究会